Falkplan Pulheim/Bergheim Extra

Josef Wißkirchen

Stommelns Kirchen und Kapellen

Mit Fotografien von Hans Peter Dieterling

Pulheimer Beiträge zur Geschichte
24. Sonderveröffentlichung

Das Buch erscheint in Kooperation
zwischen der Pfarrgemeinde St. Martinus in Stommeln
und dem Verein für Geschichte e.V., Pulheim.

Für
Hannah
Linus
Jost

Förderer des Buches:

Gefördert durch die Kulturstiftung der Kreissparkasse Köln

Volksbank Erft eG

Ungenannte private Sponsoren

Layout & Prepress: Josef Wißkirchen, Pulheim-Stommeln
Lithos und Druck: Wüst Repro Service GmbH, Eupener Str. 157, D-50933 Köln
Besuchen Sie uns im Internet: www.vfg-pulheim.de
ISBN 3-927765-35-X

Josef Wißkirchen

Stommelns Kirchen und Kapellen

Festschrift zur Hunderjahrfeier
der Pfarrkirche St. Martinus am 11. November 2004

Mit Fotografien von Hans Peter Dieterling

Inhalt

Pfarrer Walter Schmickler: Spurenlese 5
Vorbemerkung 6

Kirchen

Alte Martinuskirche 10
Pfarrkirche St. Martinus 37
Kreuzkirche 84
St. Bruno in Stommelerbusch 89

Kapellen

Christinakapelle 94
Marienkapelle in der Nettegasse 96
Marienkapelle im ehemaligen Krankenhaus 98

Kreuzwege

Sieben Fußfälle 102
Ehemaliger Kreuzweg auf der Friedhofsmauer 108

Wegekreuze 112

Fronhofkreuz 113
Wegekreuz am Kölner Weg 115
Trappenkreuz 116
Schwalbenkreuz 117
Holzkreuz an Haus Schauff 118
Hagelkreuz 119
Wegekreuz an der Nagelschmiedstraße 120
Geyener Kreuz 121
Holzkreuz in Ingendorf 122
Gewitterkreuz in Stommelerbusch 122
Holzkreuz am Wege nach Gut Vinkenpütz 123

Katholische Geistliche in Stommeln 125
Literaturverzeichnis, Quellenhinweise, Bildnachweis 126-128

Spurenlese

Menschen hinterlassen Spuren. Es sind oft geistige Spuren, die sich wiederfinden in Dichtung, Kunst und Musik. Es gibt in Stein gehauene Spuren, Kirchen, Denkmäler und Wegzeichen. Solche Spuren geben Auskunft über Menschen, wie sie gelebt, gedacht, geglaubt haben.

Das vorliegende Buch ist eine Spurensammlung von Werken, die in Stommeln und Stommelerbusch entstanden sind und die uns viel erzählen über den Geist und das Lebensgefühl von Menschen.

Gegen die Gottvergessenheit haben unsere Vorfahren sich Wegzeichen und Gebäude errichtet. Wer durch den Ort ging, wurde daran erinnert, dass Gott mitten unter den Menschen wohnt, und er wurde wach gehalten im Glauben an diese Wahrheit. Wir können bei uns voll Freude wertvolle und ausdrucksstarke Bau- und Kunstwerke der Vergangenheit entdecken, die auch heute noch als Ausdruck des Glaubens verstanden werden wollen und können.

Dieses Buch will einladen, die Spuren Gottes in Stommeln und Stommelerbusch neu zu entdecken und verstehen zu lernen. Anlass zu diesem Werk ist der 100. Geburtstag unserer Pfarrkirche St. Martinus.

Ich bin sehr dankbar, dass Josef Wißkirchen als der beste Kenner der Geschichte unseres Dorfes das Anliegen aufgegriffen hat, einen Kirchenführer der Jubiläumskirche zu schreiben. Sehr bald gingen seine Überlegungen in die Richtung, umfassender „Botschaften in Stein", die es bei uns gibt, zur Sprache und ins Bild zu bringen, so dass

Pfarrer Walter Schmickler

dieses reichhaltige Werk entstand als ein geistlicher Führer durch Stommeln und Stommelerbusch.

Ich wünsche mir, dass dieses Buch viele Freunde findet und eine Hilfestellung gibt, in dem, was uns aus der Geschichte geblieben ist, die Nähe Gottes unter den Menschen neu zu spüren.

Danke dem Verein für Geschichte e.V. Pulheim, der tatkräftig zum Gelingen beigetragen hat.

Pfarrer Walter Schmickler

Vorbemerkung

Die Einweihung der Stommelner Pfarrkirche St. Martinus jährt sich am 11. November 2004 zum hundertsten Mal. Dieses Jubiläum ist Anlaß für das vorliegende Buch.

Hundert Jahre sind eine kurze Zeitspanne für ein Kirchengebäude. Aber der sich immer rasanter beschleunigende gesellschaftliche Wandel läßt den mentalen Abstand zu der Erbauergeneration doch als groß erscheinen. Entstanden ist die Kirche in einer Zeit, in der die Liturgie im wesentlichen noch Klerikerliturgie war und die Volksfrömmigkeit aus dem eucharistischen Anbetungskult und der Verehrung des Herzens-Jesu, Mariens und der Heiligen lebte. Die in ihren Anfängen bereits im 19. Jahrhundert entstandene Liturgische Bewegung, die eine Rückführung auf das Wesentliche, ein neues Verständnis der Eucharistie und die tätige Teilnahme der versammelten Gemeinde am Gottesdienst anstrebte und damit auch neue Vorstellungen von architektonischer Gestaltung und Ausstattung von Kirchenräumen entwickelte, kam in den Pfarrgemeinden erst nach 1930 an und erlebte ihren endgültigen Durchbruch erst in der Liturgie-Konstitution (1963) des Zweiten Vatikanischen Konzils.

1904 war man noch weit davon entfernt. Die Stommelner Pfarrkirche entstand noch ganz aus dem Geist der Zeit vor der liturgischen Reformbewegung. Ein Weiteres kommt hinzu: 1904 war noch die Erinnerung wach an die schweren Jahre des Kulturkampfes mit dem preußischen Staat, in denen das katholische Volk mit seinen Bischöfen und Priestern zusammengestanden und sich schließlich behauptet hatte. In den zahlreichen neogotischen Kirchen im Kölner Land, die zwischen 1890 und dem Ersten Weltkrieg entstanden sind, manifestiert sich das daraus erwachsene Selbstbewußtsein. Anders aber als in der katholischen Soziallehre, die nach neuen Wegen zur Lösung der brennenden sozialen Probleme der Zeit suchte, zeigt sich in der kirchenamtlich geförderten neogotischen Baukunst das trotzige Bestreben nach Behauptung des Tradierten und nach Restaurierung des Verlorenen.

Die tiefen gesellschaftlichen Erschütterungen durch den Ersten und vor allem den Zweiten Weltkrieg führten zu einer völligen Abkehr vom Stil der Neogotik, die nun als zeitfremd, unecht, innerlich hohl und uninspiriert empfunden wurde. Die im II. Vatikanum beschlossene Liturgiereform ließ die neugotischen Kirchen erst recht als unzeitgemäß erscheinen. Die neu eingeführte Zelebration zum Volke hin und die Vorstellung von einer Gemeinde, die sich um den Altar herum versammelt, tat sich schwer mit der hierarchisierenden Ausrichtung und bunten Prachtentfaltung der neogotischen Gebäude. Vielerorts begann man sie im Zuge der erforderlichen Umbauten auszuräumen und vom als störend empfundenen üppigen Zierat zu „befreien". Auch in der Stommelner Pfarrkirche entstand damals ein neuer Zelebrationsaltar, und die Kommunionbank wurde entfernt. Pfarrer Johannes Müller ist es jedoch zu verdanken, daß man hierbei behutsam vorging und die neogotische Ausstattung weitgehend erhalten blieb.

Von November 1987 bis April 1992, mehr als vier Jahre lang, mußte die Pfarrkirche wegen schwerer Baumängel geschlossen werden. Als sie dann nach einer gründlichen Restaurierung am Palmsonntag 1992 wiedereröffnet werden konnte, war es für die Gemeinde wie eine Wiederentdeckung ihrer so lange entbehrten neugotischen Pfarrkirche mit ihrer weiten Raumwirkung, der Pracht der Altäre und dem großartigen Kranz wertvoller Glasfenster. Nun, da vieles vom alten Denken überwunden war, konnte man sich dessen künstlerischen Zeugnissen wieder frei zuwenden mit einem neuen, historisierenden Blick, der das Vergangene nicht spurlos abschütteln will, sondern es als eine Tiefenschicht der eigenen Existenz begreift und bejaht. Die sorgfältige Restaurierung aller Altäre und Gemälde in den vergangenen Jahren legt Zeugnis ab von dieser neuen Wertschätzung.

Die Jubiläumsschrift beschränkt sich bewußt nicht ausschließlich auf den Jubiläumsbau, sondern bezieht auch die alte Martinuskirche mit ein, ebenso St. Bruno in Stommelerbusch und die evangelische Kreuzkirche und schließlich auch alle Kapellen, Kreuzwege und Wegekreuze im Ort. Angestrebt wurde eine Gesamtdarstellung der öffentlichen christlichen Sakralkunst in Stommeln, in deren Kontext die Stommelner Pfarrkirche hineingehört.

Anregungen, auch der ehemaligen Stommelner Synagoge Platz in diesem Buch einzuräumen, habe ich mit Bedacht nicht aufgegriffen. Es geht meines Erachtens nicht an, ein Bauwerk christlich zu vereinnahmen, nachdem dessen Erbauer der Entartung ihrer christlichen Umwelt zum Opfer gefallen sind. Das Fehlen der Synagoge ist eine schmerzliche Lücke, die aber nicht der Unbedachtheit entspringt, sondern der historischen Wahrhaftigkeit gegenüber uns selbst.

Von vielen Personen habe ich bei der Abfassung des Buches Hilfe erfahren. Ihnen allen möchte ich dafür herzlich danken.

Zu besonderem Dank bin ich Hans Peter Dieterling, Stommeln, verpflichtet. Er hat alle schwierigen Fotos gemacht und damit entscheidenden Anteil am Zustandekommen dieses Buches.

Für ihren Rat oder weiterführende Informationen und Hinweise habe ich zu danken:

Manfred Beine, Rietberg. Er half mir, die Lebensdaten des Malers Johannes Bartscher zu klären.

Prof. Dr. Hugo Borger, Bonn. Er hat mir seine Beobachtungen von 1962 zur Alten Kirche mitgeteilt.

Prof. Dr. Burkhart Cardauns, Pulheim-Brauweiler. Er gab mir einen wichtigen Hinweis zum Namen „Megenzo de Scaporthen" auf dem Urkundenstein am südlichen Seitenaltar der Alten Kirche.

Hubert Glaser, Passau. Er half mir zum Verständnis seiner Glasmalereien in der Kapelle des ehemaligen Krankenhauses.

Dr. Wilfried Hansmann, Pulheim-Brauweiler. Er stellte mir die unveröffentlichten Ausarbeitungen zu einem seinerzeit geplanten, aber nicht realisierten Inventarverzeichnis der Denkmäler der Stadt Pulheim zur Verfügung. Vor allem für die Baubeschreibung der beiden Martinuskirchen habe ich darin wichtige Anregungen gefunden.

Christine Ikier, Stommeln. Sie gab mir Hinweise zur Geschichte der Kreuzkirche.

Dr. Frank Kretzschmar, Pulheim-Brauweiler. Er vermittelte mir den Zugang zu Unterlagen des Rheinischen Amtes für Denkmalpflege.

Ferdi Schall, Peter Steger und Jakob Wego, alle Stommeln. Sie halfen mir in Einzelfragen mit ihren persönlichen Erinnerungen und ihrem Wissen aus der aktiven Mitarbeit in der Pfarrgemeinde St. Martinus.

Wolfgang Schmitz, Historisches Archiv des Erzbistums Köln. Er gab mir ergänzende Hinweise zu der Auflistung auf S. 40.

Stommeln, im Juli 2004

Josef Wißkirchen

Aus dem Brief von Papst Johannes Paul II.
An die Künstler, 1999

Um die Botschaft weiterzugeben, die ihr von Christus anvertraut wurde, braucht die Kirche die Kunst. Denn die Kirche soll die Welt des Geistes, des Unsichtbaren, die Welt Gottes wahrnehmbar, ja, so weit als möglich faszinierend machen. Sie muß also das an sich Unaussprechliche in bedeutungsvolle Formeln übertragen. Nun besitzt die Kunst die eigentümliche Fähigkeit, den einen oder anderen Aspekt der Botschaft herauszugreifen und ihn in Farben, Formen, Töne umzusetzen, welche die Intuition des Betrachters oder Hörers begünstigen.

Kann man auch sagen, daß die Kunst die Kirche braucht? Die Frage mag provokant erscheinen. Tatsächlich aber hat sie, wenn sie richtig verstanden wird, ihre legitime und tiefgehende Begründung. Der Künstler sucht immer nach dem verborgenen Sinn der Dinge; seine quälende Sorge ist, daß es ihm gelinge, die Welt des Unaussprechlichen auszudrücken. Sieht man da nicht, welch große Inspirationsquelle für ihn jene Art von seelischer Heimat sein kann, wie sie die Religion darstellt? Werden etwa nicht im religiösen Bereich die wichtigsten persönlichen Fragen gestellt und die endgültigen existentiellen Antworten gesucht?

▲ 1 Alte Pfarrkirche St. Martinus auf dem Friedhof

► 2 Alte Kirche „St. Martinus“

Alte Martinuskirche

Baugeschichte

Die ehemalige Stommelner Pfarrkirche St. Martinus liegt abseits des Ortes malerisch auf dem Friedhofshügel, eingerahmt von über 130 Jahre alten Kastanien. Ihre Geschichte reicht in die Anfänge des Dorfes Stumbele (Stommeln) zurück. Das Patrozinium des heiligen Martin läßt eine fränkische Gründung vermuten, war dieser doch der Hausheilige der fränkischen Merowingerkönige (5. bis 8. Jh.), und die Kirchen pflegte man damals dessen besonderem Schutz anzuvertrauen.

Es fällt heute schwer, sich die ursprüngliche topographische Situation vorzustellen, als in unbekannter fränkischer Zeit an der Stelle der heutigen Kirche ein erster Vorgängerbau entstand. Was heute als Friedhofshügel erscheint, ist in Wahrheit der Rücken eines langen Sporns der Mittelterrasse des Rheins, der früher zwischen Ingendorfer Tal und Kirchtal allmählich bis zur Escher Gasse und zum Berlich abfiel. Auf diesem Terrassensporn lagen nebeneinander Kirche, ehemaliger Fronhof (Herrenhof) und Pfarrhof („Wedemhoff“).

Durch den Trassenaushub für die Eisenbahnstrecke Köln-Grevenbroich im Jahre 1897 wurde diese topographische Situation völlig verändert. Für den Bau des Gleiskörpers und des Bahnhofs wurde der Terrassensporn in nordsüdlicher Richtung durchschnitten. Das Areal des ehemaligen Fronhofes wurde dabei abgetragen. Lediglich die alte Martinuskirche und das historische Pfarrhaus (heute private Musikschule) liegen noch auf der ursprünglichen Höhe.

Ein Lageplan aus dem Jahre 1818 macht deutlich, daß der stattliche Fronhof mit seinem westlichen Scheunengebäude wenig mehr als 10 Meter östlich vom Chor der Kirche lag. Der noch kleine Friedhof beschränkte sich im wesentlichen auf deren West- und Südseite, die heutige mächtige Kirchhofsmauer im Süden sowie die an dieser entlangführende Rampe und die Steintreppe zur Kirche entstanden erst im Zuge der zweiten Friedhofserweiterung 1870/71. Die östliche Friedhofsmauer zum ehemaligen Fronhof hin war bereits 1849/50 erneuert worden. Die neuen Friedhofsmauern nutzte man zu einer Erhöhung der abfallenden Terras-

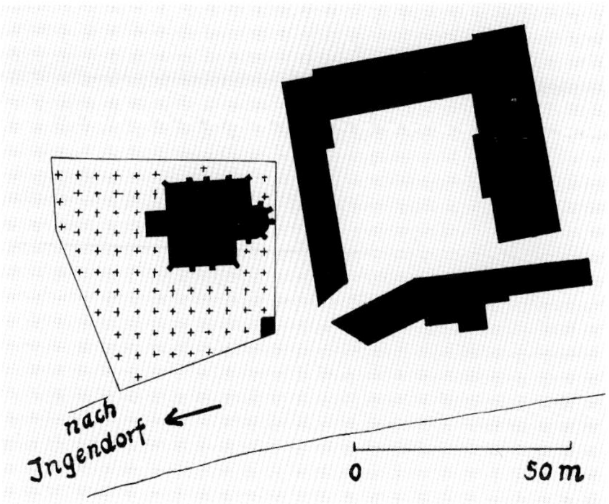

◄ 3 Lageplan der alten Martinuskirche mit Friedhof und Fronhof im Jahre 1818 (nach Welters, s. Literaturverzeichnis, S. 25)

senspornränder, so daß das heutige Hochplateau des Friedhofs entstand.

Der Lageplan von 1818 zeigt, daß Kirche, Herrenhof und Pastorat eng zusammengehörten. Es handelte sich um eine fränkische Eigenkirche, eine Art Hofkapelle, die der adelige fränkische Eigentümer des Herrenhofes errichtet hatte. Dieser setzte auch den an ihr tätigen Geistlichen ein und unterhielt ihn.

Erwähnt wird die Martinuskirche erstmals im Jahre 962. Der Kölner Erzbischof Bruno I., jüngster Bruder Kaiser Ottos I., schenkte mit Urkunde vom Weihnachtstag dieses Jahres dem adeligen Kölner Damenstift St. Cäcilien in Stommeln den Herrenhof mit 46 Hufen, die Kirche mit ihrem gesamten Zehnten, mit Hörigen, Wäldern, Weiden und allem Zubehör. Mit dieser Schenkung, in der Stommeln erstmals urkundlich erwähnt ist, wurde die Äbtissin von St. Cäcilien Grundherrin im Ort, und ihr stand von nun an das Recht zu, den Stommelner Pfarrer vorzuschlagen (Kollationsrecht).

Die ältesten Bauteile der Kirche sind offensichtlich die beiden Untergeschosse des Turms, die Seitenwände des ersten Chorjochs sowie die heute als Pfeiler erscheinenden Reste der im 16. Jahrhundert zum Anbau von zwei Seitenschiffen durchbrochenen Wände des Mittelschiffes (vgl. Abb. 4). Das Mauerwerk besteht hier aus Tuffstein und Trachyt, während in den späteren Anbauten Backstein- und Tuffsteinschichten sich abwechseln. Die Ausmaße der mittelalterlichen Kirche werden so erkennbar: eine kleine Saalkirche (wohl mit flacher Holzdecke), mit Rechteckchor und vorgelagertem Westturm; im Chor stand vermutlich der jetzt im Südschiff befindliche Altartisch. Ob Turm und Kirchenraum zur gleichen Zeit entstanden sind, müßte durch eine genauere Untersuchung der Fundamente und des Mauerwerks überprüft werden, die Annahme scheint aber durchaus naheliegend.

Ob dieser historische Kern dem Bau von 962 entspricht, wird in der Literatur allgemein verneint. Paul Clemen urteilte 1897, daß auch die beiden unteren Turmgeschosse nicht über das Jahr 1100 zurückgingen. Dieser Meinung hat man sich allgemein angeschlossen. Wirklich gesicherte Belege gibt es allerdings nicht, so daß Fragen erlaubt sind. Es ist sicherlich davon auszugehen, daß die Stommelner Kirche bereits 962 ein Steinbau war; die frühmerowingischen Fachwerkkirchen waren zu der Zeit nicht mehr üblich. Daß dieser Steinbau spurlos verschwunden sei, widerspricht der allgemeinen Erfahrung.

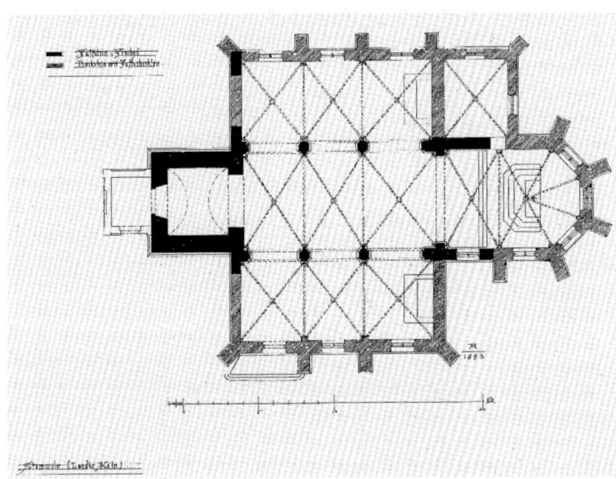

◄ 4 Grundriß der alten Martinuskirche mit Kennzeichnung des verwendeten Steinmaterials: Schwarz = Tuffstein, Trachyt; Schraffur = Backstein mit Tuffschichten. Die Länge beträgt im Lichten 23,15 m, die Breite 18,00 m. Zeichnung Ludwig Arntz 1893 (Rhein. Amt für Denkmalpflege)

▶ 5 Schlußstein des Kreuzgewölbes im hinteren Joch des Mittelschiffes mit der (rechts außen beginnenden) spiralfömigen Inschrift: „SANCTA CECILIA VIRGO ORA PRO NOBIS DEO" – „Heilige Jungfrau Cäcilia, bitte für uns bei Gott".

Völlig neue Überlegungen stellt Rolf C. A. Rottländer zur Diskussion (vgl. Literaturverzeichnis). Er bedient sich dabei der Methode der Historischen Metrologie (Lehre von den Maßen). Die verwirrende Vielzahl von verwendeten Längenmaßen vor der Standardisierung des metrischen Systems läßt sich auf etwa dreißig unterschiedliche Längeneinheiten seit Christi Geburt zurückführen. Da deren Gebrauch sich historischen Zeitabschnitten zuordnen läßt, ergeben sich Anhaltspunkte für die zeitliche Einordnung eines Gebäudes.

Rottländer hat zunächst im alemannischen Raum um Tübingen, jüngst aber auch im Kölner Raum alte Kirchtürme metrologisch untersucht und dabei festgestellt, daß die Ausmaße erstaunlicherweise auf einem „englischen" Fuß mit einer Länge von 304,6 mm basieren. Er führt das zurück auf die iroschottischen Mönche, die im 6. Jahrhundert zur Christianisierung der vielfach noch heidnischen Franken, darunter auch der Ripuarier im Kölner Raum, ins Land kamen und bei denen diese Maßeinheit in Gebrauch war. Dies veranlaßt Rottländer, den alten Stommelner Martinusturm in seinen Untergeschossen in die Zeit bis 610, d. h. in die erste Phase der iroschottischen Mission, zu datieren und ihn in ein von ihm vermutetes System von Signaltürmen im Kölner Umland einzuordnen. Wenn es auch schwerfällt, sich dieser kühnen These anzuschließen, so scheint es doch denkbar, daß im Grundriß die Maße eines aus dieser Zeit stammenden Turms und auch dessen Fundamente erhalten sind. Eine gezielte Grabung könnten endgültige Klarheit schaffen.

Um 1300 war an der Kirche nicht nur ein Pfarrer, sondern auch bereits ein Vikar tätig. Im *Liber valoris*, einer um 1300 zusammengestellten Taxliste für die erzbischöflichen *decimae* (Zehnten) und einer vollständigen Liste aller Pfarrkirchen im Kölner Erzbistum, ist die Kirche von Stommeln mit einer Abgabe von 6 Solidi vom Pastor und 1 Mark vom Vikar aufgeführt.

1510 wurde der (vermutete) Rechteckchor zu einem gewölbten, zweijochigen, dreiseitig abschließenden spätgotischen Chor erweitert, und an die Längsseiten des Saalbaus wurden bis 1553 zwei gewölbte Seitenschiffe in gotischen Formen angebaut. Hierzu wurden die Längsmauern durchbrochen und nur Teile als Pfeiler stehen gelassen, die man durch Pilastervorlagen verstärkte. Wohl im Zuge der damaligen Baumaßnahmen wurde auch das Mittelschiff mit einem Kreuzrippengewölbe versehen.

Die Baulast war dabei verteilt, d. h. für die jeweiligen Baukosten mußten unterschiedliche Personen aufkommen: für das Mittelschiff, also den alten Kirchenraum, die Äbtissin von St. Cäcilien als Grundherrin, für die Seitenschiffe die Pfarrgemeinde und für den Chor der Pfarrer. Der Schlußstein im hinteren Joch des Mittelschiffes trägt die spiralförmige Inschrift: „SANCTA CECILIA VIRGO ORA PRO NOBIS DEO" – „Heilige Jungfrau Cäcilia, bitte für uns bei Gott"; auf diese Weise wird deutlich, daß die Äbtissin von St. Cäcilien die Kosten der Einwölbung des Mittelschiffes trug.

◄◄ 6 „ANNO D(OMINI) 1553“: Ehemaliger Inschriftstein auf dem östlichen Stützpfeiler des südlichen Seitenschiffes, seit Restaurierungsarbeiten um 1990 verschwunden (Foto: Lieven 1978)

◄ 7 Spätgotischer Chor, 1510

Aus der kleinen Saalkirche des Mittelalters war durch die Erweiterungsbauten im 16. Jahrhundert eine gestufte dreischiffige spätgotische Hallenkirche mit Kreuzrippengewölbe geworden. Vermutlich war der mit dem Anwachsen der Ortsbevölkerung entstandene größere Raumbedarf hierfür der Anstoß. An den Ostabschlüssen der beiden Seitenschiffe entstanden zwei Altäre – der Petrusaltar im südlichen und der Beatae-Mariae-Virginis-Altar im nördlichen –, an denen jeweils ein Vikar seinen Dienst versah. Die Petrus-Vikarie ist 1494 erstmals urkundlich bezeugt, die der seligen Jungfrau Maria 1535.

Der Kölnische Krieg 1583–85, ausgelöst durch den zum Protestantismus übergetretenen Kölner Erzbischof Gebhard Truchseß von Waldburg, brachte 1585 für Dorf und Kirche schlimmste Verwüstungen mit sich. Ende des 16. Jahrhunderts wurde die Kirche farbig ausgemalt. Wegen des schlechten Erhaltungszustandes und der bescheidenen künstlerischen Qualität sind die Wandmalereien heute – auch aus konservatorischen Gründen – zum größten Teil durch einen Farbanstrich überdeckt. Durch die an den Stirnwänden des Südschiffes gefundenen Jahreszahlen 1596 und 1597 ist eine genaue Datierung möglich. Die Ausmalung erfolgte demnach in den beiden letzten Jahren von Pfarrer Paulus Bitter (1555–1597).

Nach einer Brandkatastrophe 1673 wurde der Turm 1677 um ein Geschoß erhöht und erhielt einen spitzen Turmhelm. Im 18. Jahrhundert wurde an der Nordseite des Chores mit Backsteinen eine gewölbte Sakristei angebaut, durch die man einen Zugang schaffte zu der neuen Kanzel an der Ecke von nördlicher Chorwand und Stirnwand des nördlichen Seitenschiffes. Seit dem 19. Jahrhundert (bis ca. 1962) war das Mittelfenster des Chores vermauert, um ein zweiteiliges Barockretabel mit dem Hauptmotiv der Anbetung der Hirten (heute in verkleinerter Form in der Werktagskapelle der neuen Pfarrkirche) aufstellen zu können. Als man es 1887 entfernte, brachte man an der östlichen Chorwand hinter dem Altar ein „großes Christusbild“ an und ließ (um 1890) hierfür noch zwei Holzstatuen der hl. Maria und des hl. Johannes als Assistenzfiguren neu schaffen, die farbig gefaßt wurden. Ein im 19. Jahrhundert entstandener Windfang vor dem Turmportal wurde nach dem Zweiten Weltkrieg wieder abgerissen.

▲ 8 Alte Martinuskirche, Mittelschiff und Chor

Seit 1867 gab es in Stommeln konkrete Pläne, die Kirche zu erweitern, weil die Seelenzahl der Gemeinde sich innerhalb eines halben Jahrhunderts mehr als verdoppelt hatte (von 1066 im Jahre 1801 auf 2357 im Jahre 1866). Da eine Verlängerung nach Osten wegen der örtlichen Lage nicht möglich war, plante man eine solche nach Westen. Verwirklicht wurden die Pläne nicht, u.a. weil der zunehmend altersschwache Pfarrer Johannes Sieben nicht die dafür erforderliche Entschluß- und Überzeugungskraft besaß. Als dann seit 1873 der Kulturkampf sich immer verheerender auf die Erzdiözese Köln auswirkte und Kardinal Paul Melchers nach seiner Inhaftierung 1874 im Kölner Gerichtsgefängnis Klingelpütz ins Ausland ausweichen mußte, kam allgemein die kirchliche Bautätigkeit ins Stocken. In Stommeln wurde der Pfarrverwalter Johann Wilhelm Havermann, den man dem kranken Pfarrer Sieben an die Seite gestellt hatte, ebenfalls 1874 verhaftet und in den Klingelpütz überführt. Der kranke Pfarrer war allein völlig überfordert, die Gemeinde zu leiten oder gar Baupläne voranzutreiben. Als er 1880 im Alter von 84 Jahren starb, konnte die Stommelner Pfarrstelle aufgrund der Kulturkampfgesetze bis 1887 nicht besetzt werden.

1887 kam mit Abklingen des Kulturkampfes der bereits 64jährige Anselm Bausch als Pfarrer nach Stommeln. Seine Versuche, die Erweiterungs-

▲ 9 Alte Martinuskirche, Blick in das nördliche Seitenschiff

pläne für die Kirche wieder aufleben zu lassen, scheiterten letztendlich. Erst Pfarrer Christian Klausmann gelang es schließlich, 1904 statt eines Erweiterungsbaues einen Neubau in der Ortsmitte zu realisieren.

Anders als in vielen rheinischen Dörfern, wo die aus dem Mittelalter überkommenen Kirchen neoromanischen oder -gotischen Neubauten haben weichen müssen, blieb durch die geschilderten Umstände die Stommelner Martinuskirche erhalten. Zu danken ist das aber auch einem neuen Denkmalbewußtsein, das Ende des 19. Jahrhunderts angesichts des rasanten Verlustes mittelalterlicher Bausubstanz erwachte. Zu nennen ist hier vor allem Paul Clemen, der 1893 der erste Provinzialkonservator der Rheinprovinz wurde. Bei der Inventarisierung der Kunstdenkmäler der Rheinprovinz wurde er auf die Stommelner Martinuskirche aufmerksam und veranlaßte, daß ihre Erhaltung gewährleistet wurde. Die Genehmigung der Kgl. Regierung 1902 für den Neubau der Stommelner Pfarrkirche wurde deshalb an die Bedingung geknüpft, daß die Gemeinde sich verpflichtete, die alte Kirche zu erhalten und zu unterhalten.

So kam es, daß sie auch nach der Einweihung der neuen Pfarrkirche 1904 weiterhin genutzt wurde, insbesondere für Trauergottesdienste. Die

Stommelner haben ihr gegenüber eine feste Anhänglichkeit bewahrt und in den schlimmen Jahren der Inflation nach dem Ersten Weltkrieg Pfarrer Paul Mertens (1922–1930) daran gehindert, gleich im ersten Jahr seiner Amtszeit das Kircheninventar zur Aufbesserung der desolaten finanziellen Lage der Pfarrgemeinde zu verkaufen.

Als man im Kriegsjahr 1943 im Ort damit begann, unterirdische Bunkerstollen zum Schutz vor der ständig wachsenden Bombengefahr zu bauen, erinnerte man sich der über Generationen hinweg kolportierten Gerüchte, von der Kirche gingen unterirdische Fluchtstollen aus. Da man hoffte, diese als Bunkerstollen bzw. als Zugang zu ihnen nutzen zu können, veranlaßte (nach der Erinnerung von Jakob Wego) der damalige Pfarrer Josef Becker eine Grabung im Chor. Als man dann aber im Erdreich auf zahlreiche Gebeine stieß, ließ er die Grabung abbrechen. Eine wissenschaftliche Untersuchung hat es in der Folgezeit nicht gegeben, so daß über diesen Befund keine verbindliche Aussage getroffen werden kann.

Im Zweiten Weltkrieg blieb das Gebäude selbst zwar von einem Bombentreffer verschont, in unmittelbarer Nähe schlug jedoch eine Bombe gegenüber der Südwestecke ein. Die Kirche erlitt – neben kleineren Beschußschäden an Turm und nördlichem Mauerwerk – starke Schäden an den Dächern, insbesondere auf der Südseite und am Turmhelm, so daß ungehindert Wasser eindringen konnte. Sämtliche Kirchenfenster waren zerstört. Zudem waren die hölzernen Kirchentüren aufgebrochen und boten keinen Schutz vor Diebstahl und Vandalismus. Spielende Kinder hatten ungehinderten Zutritt. Sämtliche Metallpfeifen der Orgel von 1842 kamen damals abhanden bzw. wurden gestohlen; auch vom Gehäuse und Spieltisch ist nichts erhalten. Als Anfang 1950 zwei Gewölbefelder im südlichen Seitenschiff einstürzten und den südwestlichen Langhauspfeiler zertrümmerten, bildete sich, dadurch aufgeschreckt, ein Verein zur Erhaltung der Kirche, der bei einer ersten Sammlung mehr als 5000 DM aufbrachte – eine für die damalige Zeit beachtliche Summe. Pfarrer Josef Becker wandte sich an das Generalvikariat und warnte vor drohender weiterer Einsturzgefahr. Eine daraufhin durchgeführte gemeinsame Besichtigung der Kirche durch Diözesanbaumeister Dr. Weyres und Landeskonservator Prof. Dr. Graf Wolff Metternich im Mai 1950 bestätigte die Gefährdung des ganzen Gebäudes; offensichtlich waren auch die übrigen Gewölbefelder des Langhauses in Bewegung geraten. Die Abstützung, die man vorgenommen hatte, bedeutete keine Sicherheit gegen weiteren Einsturz. Beide drangen auf schnelle Maßnahmen: „Die Erhaltung der alten Pfarrkirche ist als sehr beachtliches spätgotisches Bauwerk in außergewöhnlich schöner Lage dringend erwünscht. Teile des Gewölbes im südlichen Seitenschiff sind eingestürzt. Der Zustand ist äußerst gefährlich, baldiges Eingreifen ist dringend erwünscht."

Noch im Jahr 1950 konnte das Dach notdürftig repariert werden. 1952 wurden die eingestürzten Gewölbe neu aufgemauert, 1953 die teilweise angefaulte und auf das Gewölbe drückende Dachkonstruktion instand gesetzt und 1956 das Mauerwerk saniert.

Pfarrer Josef Beckers Nachfolger Johannes Müller (1958–1973) hat viel Liebe und Energie für den Erhalt der Alten Kirche aufgebracht. Insofern hat er es verdient, daß der Glasmaler Franz Pauli ihm im rechten Chorfenster (unterstes Feld rechts) als winzige „Stifterfigur" ein unscheinbares, aber doch bleibendes „Denkmal" gesetzt hat.

Während seiner Amtszeit wurde in den 1960er Jahren eine tiefgreifende Sanierung und Restaurierung durchgeführt, die die Kirche in den Zustand versetzt hat, in dem sie sich heute dem Besucher darbietet. Zunächst wurde seit 1960 das Mauerwerk saniert (Trockenlegung, Pfeilersicherung, Steinerneuerung, Verfugungen), seit 1962 folgte dann die Restaurierung des Inneren: Der Chor wurde auf sein ursprüngliches Niveau tiefergelegt, die hölzerne Orgelempore im hinteren Kirchenbereich beseitigt, das Gewölbe ausgebessert und neu verputzt; der Natursteinfußboden (Grauwacke) wurde neu verlegt bzw. erneuert, und die Fenster wurden nach Entwürfen von Franz Pauli neu verglast. 1965 wurden Wandmalereien in Fresko- und Seccotechnik vom Ende des 16. Jahrhunderts freigelegt. Es erwies sich, daß die Langhauswände vollständig ausgemalt waren. Die Malereien waren jedoch nur fragmentarisch erhalten. 1966 hat man sie zum größten Teil nach einer fotografischen Dokumentation wieder überstrichen. Lediglich an der Ostwand des Südschiffes, der westlichen Außenwand des Nordschiffes und in der Laibung des Turmbogens hat man Teile der Malerei sichtbar gelassen.

Wegen erheblicher Fäulnis- und Schwammschäden in der Dachkonstruktion des Langhauses und des Turms waren seit 1980 umfangreiche Erneuerungsarbeiten erforderlich. Dabei mußte auch das 1677 entstandene Glockenstubengeschoß des Turms mit seiner hinter dem äußeren Mauerwerk liegenden Fachwerkkonstruktion gänzlich erneuert werden, da die Eichenbalken völlig verrottet waren, so daß der darauf ruhende spitze Turmhelm einzustürzen drohte. Das äußere Mauerwerk aus Feldbrandziegeln wurde dabei abschnittweise abgebrochen und neu aufgemauert. Der Turmhelm selbst konnte erhalten werden, ebenso der alte Glockenstuhl.

Der guten Akustik wegen wird die alte Martinuskirche nicht nur für Gottesdienste, sondern im Rahmen des Erftkreiszyklus auch für Konzerte mit kleiner musikalischer Besetzung genutzt.

▲ 10 Alte Martinuskirche, Blick von Nordwesten (Foto: Lieven 1978)

Baubeschreibung

Der Außenbau der Kirche, der im 16. Jahrhundert seine heutige Gestalt erhielt, wird durch den Wechsel horizontal verlaufender heller Tuff- und roter Backsteinbänder farbig gegliedert. Den drei Jochen des südlichen Seitenschiffes sind quergestellte Satteldächer aufgesetzt, so daß die dem Dorf zugewandte Seite der Kirche eine wirkungsvolle dreigiebelige Schauseite erhält, die durch die zweifach getreppten Strebepfeiler vertikal zusätz-

▲ 11 Alte Martinuskirche, Südwestansicht (Foto Lieven 1978)

▼ 11a An der Nordseite des Turms vermauerter Stein mit einer auf dem Kopf stehenden Inschrift; L 84 cm, H 15 cm, B 16 cm

lich gegliedert ist. (An der Nordseite sind die Strebepfeiler nur einmal abgetreppt.) Auf den Giebelspitzen standen ursprünglich kleine Kreuze, die heute fehlen. Die Spitzbogenfenster der Seitenschiffe sind zweibahnig und mit Maßwerk in spätgotischen Formen versehen. Das Fenster in der Ostwand des südlichen Seitenschiffes ist heute vermauert. Hier hing außen seit 1869 das alte Missionskreuz der Gemeinde. Zur Erinnerung an die Mission in diesem Jahr wurden damals zwei aus Oberammergau beschaffte Assistenzfiguren (Maria und Johannes) hinzugefügt. Die restaurierte Kreuzigungsgruppe steht heute auf dem neuen Hochaltar. Die Chorfenster, die ursprünglich ohne Maßwerk waren, wurden bei der Restaurierung 1962 den Seitenschiffenstern angepaßt. Aus der Westwand des nördlichen Seitenschiffes schaut außen, über dem Christinadenkmal, ein kleiner Kopf hervor, den Wilfried Hansmann als „primitiv skulpierte(n) Kopf eines Bischofs“ deutet.

Die ursprünglich auch auf der Nordseite vorhandenen quergestellten Jochdächer wurden später durch ein nach Westen abgewalmtes Längssatteldach ersetzt. Auch das Hauptschiff liegt unter einem Längssatteldach. Das Dach des Chores überragt das des Langhauses deutlich. Die ganz aus Ziegeln gemauerte Sakristei an der Nordseite des Chors hat ein Quersatteldach; von den beiden spitzbogigen Fenstern an der Ost- und Nordseite ist das nördliche vermauert.

Die drei unteren Geschosse des Westturms auf quadratischem Grundriß bestehen aus einem ungegliederten Tuffsteinmauerwerk mit Eckquadernverstärkung. Vereinzelt mitvermauerte Reste römischer Dachziegel sind Spuren der langen geschichtlichen Tradition des Ortes. In die Nordwand ist in der Höhe von 2,31 m ein auf dem Kopf stehender Stein mit einer Buchstabenfolge eingemauert, deren Sinn unklar bleibt.

Schießscharten ähnliche Schlitzöffnungen im Mauerwerk des ersten Obergeschosses erinnern an die wehrhafte Funktion, die dem steinernen Kirchengebäude in Mittelalter und früher Neuzeit zukam. Im zweiten Obergeschoß sind noch die vermauerten spitzbogigen Schallöffnungen der ursprünglichen Glockenstube erkennbar. Nachdem der Turm 1673 abgebrannt war, wurde er für eine neue Glockenstube um ein Geschoß erhöht; dabei handelt es sich innen um eine Fachwerkkonstruktion, die außen mit Feldbrandziegeln umkleidet ist; auf jeder Seite befinden sich zwei rundbogige Schallöffnungen (Eisenankerdatierung: 1677). Über dem Glockenstubengeschoß wurde ein achtseitiger, spitzer, verschieferter Turmhelm errichtet. Bereits 1673 wurden drei neue Glocken durch den Jülicher Glockengießer Johannes Bourlet gegossen, von denen eine, die Marienglocke, heute noch im Turm der neuen Pfarrkirche regelmäßig ihren Dienst versieht.

Das Innere der dreischiffigen Halle wirkt gedrungen. (Unechte) Kreuzpfeiler mit abgefasten Kanten auf polygonalen Sockeln trennen Haupt- und Seitenschiffe; zusätzlich sind ihnen zwei kräftige, mit Sockeln versehene Sandsteinvorlagen an der Nord- und Südseite vorgesetzt als Stützen für die Kreuzrippen der Gewölbe; sie sind ähnlich gestaltet wie die Wandvorlagen an der Südwand des südlichen Seitenschiffes; an der Außenwand des Nordschiffes sind diese Wandvorlagen lediglich scheinarchitektonisch gemalt. Die Gewölbeschlußsteine zeigen größtenteils Wappen. Die spitzbogigen Scheidbögen gehen unmittelbar in die Pfeiler über.

▲ 12 Grabstein im Boden des Chores (Ausschnitt), in der Regel durch einen Teppich verdeckt. Die vierzeilige Inschrift und das Wappen darunter sind im Laufe von Jahrhunderten fast völlig abgetreten. Da die Inschrift deutschsprachig ist, handelt es sich bei dem hier Bestatteten offenbar nicht um einen Kleriker, sondern einen Laien. Für den Begräbnisort ist das ungewöhnlich. Bruchstückhaft glaubt man noch folgendes erkennen zu können: „ANNO . . + Den . . / 7bris (=Septembris) starb Jo... W... / Cüster S. C... (= St. Cäcilien)/ in Cö... (= Köln).“ – In St. Cäcilien gab es zwei Küster (Offermänner, Wächter), die die Kirchenschätze bewachten und deshalb abwechselnd in der Kirche schliefen. In der Regel waren es unverheiratete Männer.

Die Pfeiler- und Wandvorlagen haben hohe, unterschiedlich behandelte Kämpferprofile. Im Mittelschiff schließen die Kämpfer mit hohen Blöcken, die mit kerbschnittartiger Ornamentik oder mit Blendmaßwerk verziert sind. Der Kämpfer am nordöstlichen Pfeiler, an dem sich bis zum 18. Jh. wohl die Kanzel befunden hat, trägt die Inschrift: „VERBV(M) D(OMI)NI MA(N)ET I(N) ETERNV(M)“ – Das Wort des Herrn bleibt in Ewigkeit.

Im Chor, dessen Höhe die des Mittelschiffes überragt, ruhen die Rippengewölbe auf polygonalen Diensten, am Triumphbogen auf Konsölchen. Die kleine Nische im linken Teil der Ostwand diente in früheren Jahrhunderten zur Aufnahme des Allerheiligsten (Nischentabernakel).

In der Chornordwand befinden sich über der Sakristeitür zwei flachbogige Nischen, in die früher verglaste Wandschränkchen eingebaut waren, in denen zahlreiche, durch kleine Schriftbändchen identifizierte Knochenreliquien aufbewahrt wurden. Durch Kriegseinwirkung sind sie stark beschädigt und in den 1960er Jahren entfernt worden. Zum Teil heruntergefallene Reliquien sind abhanden gekommen, der Verbleib des Restes ist ungeklärt. Daß ein kleiner Karton mit Knöchelchen, der in der neuen Pfarrkirche aufgetaucht ist, hierzu in einem Zusammenhang steht, ist denkbar.

▶ 13 Kämpfer am nordöstlichen Pfeiler mit Inschrift: „VERBV(M) D(OMI)NI MA(N)ET I(N) ETERNV(M)“ – Das Wort des Herrn bleibt in Ewigkeit.

Ausstattung

Hauptaltar (Hein Gernot, Köln-Vingst, 1965)

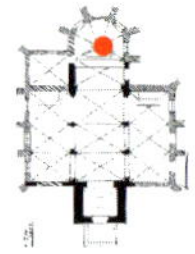

Bei der Tieferlegung des Chores auf sein ursprüngliches Niveau 1962 wurde der Sockel des gotischen Hochaltars gefunden. Der neue Hochaltar wurde darauf errichtet. Auf den Unterbau aus rotem Sandstein sind rundum insgesamt 6 Bronzerohgußplatten aufgeschraubt, die mit anpolierten plastischen Zierformen versehen sind. Das kubusförmige Tabernakel von Albert Sous aus Würselen-Aachen (1966) stellt im Kern einen Stahlpanzerschrank in den Ausmaßen 36 x 36 x 36 cm dar, der außen mit in senkrechte Streifen gegliedertem 925er Silberblech verkleidet ist.

Auf dem Altartisch steht eine aus Holz geschnitzte Kreuzigungsgruppe (Kalvarienberg), deren Figuren etwa einen Meter groß sind. Kreuzbalken und Kruzifixus sind aus dunklem Holz und wesentlich älter als die beiden Assistenzfiguren aus hellem Lindenholz. Es handelt sich um das alte Missionskreuz der Gemeinde, das möglicherweise identisch ist mit einem Kreuz, von dem Pfarrer Heinrich Glessen 1729 berichtet, daß seine Verehrung durch die Pfarrangehörigen groß sei. Es hing an einer dem Friedhof zugewandten Außenwand der Kirche und wurde 1869, um es besser vor Witterungseinflüssen zu schützen, an die äußere Ostwand des Südschiffes umgehängt. Im gleichen Jahr wurden zur Erinnerung an die 1869 durchgeführte Mission aus Oberammergau die beiden Assistenzfiguren beschafft. 1879 wurde die ganze Kreuzigungsgruppe farbig gefaßt.

In den 1960er Jahren ließ Pfarrer Johannes Müller die Kreuzigungsgruppe retaurieren (das Kreuz war stark

▼ 14 Hauptaltar, Vorderseite, Entwurf von Hein Gernot

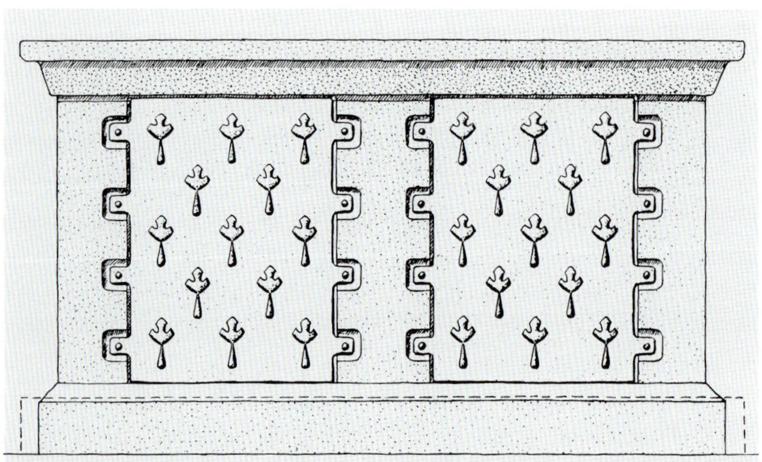

▶ ▼ 15 Brüstungsgitter von Hein Gernot, Entwurf

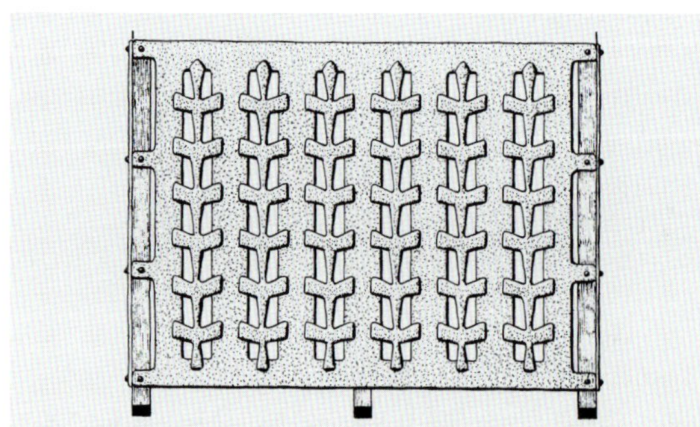

◄ 16 Kruzifixus über dem Hochaltar

wurmstichig) und auf dem von Gernot geschaffenen neuen Hochaltar aufstellen. Maria (links) kreuzt ihre Arme vor der Brust und blickt gottergeben zu Boden, Johannes schaut mit betend ineinandergelegten Händen zum Gekreuzigten auf (vgl Abb. 17).

Von Hein Gernot stammen auch das Brüstungsgitter am Eingang zur ehemaligen Orgelempore in der Rückwand des Mittelschiffes (1965) und der Ambo (1968).

Chorfenster (1962/63)

Die Neuverglasung sämtlicher Kirchenfenster lag

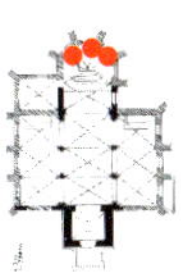

künstlerisch in den Händen des Glasmalers Franz Pauli (* 6. 7. 1926 Gleiwitz/Schlesien; † 11. 2. 1970 Pulheim-Dansweiler). Die Ausführung der 1962 von ihm entworfenen Kartons erfolgte durch die Firma Dr. H. Oidtmann in Linnich, die 1963 auch sämtliche Fenster montierte.

Die drei Fenster an der Ostseite des Chores enthalten einen Bilderzyklus zum Leben und Nachleben der 1908 seliggesprochenen Christina von Stommeln (1242–1312), wobei Pauli sich auf die Lebensbeschreibungen Christinas von Wollersheim und Steffens (s. Literaturverzeichnis) stützen konnte. Das Achsenfenster greift Motive aus der Geheimen Offenbarung (Apokalypse) des Johannes auf.

Die Bilderzyklen der zweibahnigen Fenster sind von links nach rechts und von oben nach unten zu lesen. Die insgesamt 10 Bildmotive werden nach folgendem Schema durchnumeriert:

1	2
3	4
5	6
7	8
9	10

Hintergrundfarbe der drei Chorfenster ist ein kräftiges Blau. Durch die Überkreuzungen von zwei hori zontalen und fünf vertikalen grünen Bändern, die aus Einzelstreifen gewebartig zusammengesetzt sind, entstehen in jeder Fensterbahn fünf Felder, in denen sich, leuchtend eingefaßt wie in unregelmäßige große Bergkristalle, kleine bildliche Darstellungen befinden. Lediglich im Mittelfenster werden oben rechts zwei Felder übereinander zu einem Bildmotiv zusammengefaßt, das dadurch besonders akzentuiert wird.

Für die Figuren selbst wählt Pauli meist die Farbe Rot, gelegentlich läßt er sie aber auch durch ein helles Bergkristallweiß auf rotem Hintergrund leuchtend hervortreten.

Das gilt insbesondere für Christina, die die Stigmata empfängt (linkes Fenster, Feld 7), und den wiederkehrenden Menschensohn im Mittelfenster (Felder 2+4), die auf diese Weise auch farblich in eine innere Beziehung zueinander gestellt werden.

Linkes Chorfenster

In der Maßwerkspitze erkennt man einen niedersteigenden Engel, der Christina in allen Gefährdungen Beistand leisten wird.

1. Der sechsjährigen Christina erscheint Christus.

Während der hl. Wandlung kniet Christina vor dem Altar, hinter ihr stehen drei andere Kinder. Der Priester, der, wie vor der Liturgiereform üblich, mit dem Rücken zur Gemeinde steht, hebt die Hostie hoch, und Christina erblickt in seinen Händen die Gestalt des kindlichen Jesus, der sich ihr sprechend zuwendet.

► 17 Chor mit Hochaltar und Christina-Fenstern von Franz Pauli

2. Die zehnjährige Christina verlobt sich mit dem himmlischen Bräutigam.
Der knienden Christina erscheint Jesus in Gestalt eines Jünglings. Er nimmt ihr das Versprechen ewiger Treue ab. Mit seiner linken Hand ergreift er zum Zeichen der unauflöslichen gegenseitigen Bindung ihre rechte und drückt sie in die seine, während seine erhobene rechte Hand in hoheitsvoller Gebärde das Gelöbnis bekräftigt.

3. Die dreizehnjährige Christina geht zu den Beginen nach Köln.
Ohne Wissen und gegen den Willen der Mutter flieht Christina im Winter 1255/56 vor einer von den Eltern gewünschten Verlobung zu den Beginen nach Köln. Nur ein Kopftuch hat sie von zu Hause mitgenommen, das sie sich zum Schutz vor bitterer Kälte und stürmischem Schneefall umlegt. Im Hintergrund erkennt man das geöffnete Stadttor von Köln und darüber den wenige Jahre zuvor (1248) begonnenen Chorbau des Kölner Domes.

4. Christina lebt bei den Beginen.
Christina findet Aufnahme bei den Beginen in der Stolkgasse in Köln. Kniend ist sie mit ihnen zum Gebet versammelt.

5. Der Teufel mißhandelt Christina.
Das Leben Christinas war viele Jahre lang durch ständig wiederkehrende Teufelsheimsuchungen geprägt. In diesem Bild quält ein fratzenhafter Teufel die liegende Christina, indem er sie mit einem Rutenbündel in der rechten Hand schlägt und mit der anderen ihr Bein zerkratzt.

6. Petrus von Dazien besucht 1267 Christina zum ersten Mal.
Während die inzwischen auf dem Stommelner Pfarrhof lebende 25jährige Christina erneut vom Teufel heimgesucht wird, erscheint der schwedische Dominikanerpater Petrus von Dacien (ca. 1235–1288), begleitet von Bruder Walther, zu seinem ersten Besuch in Stommeln.

7. Stigmatisierung Christinas in der Karwoche 1268
Die in das helle Licht der Unschuld getauchte und niedergekniete Christina empfängt die fünf Wundmale *(Stigmata)* des Gekreuzigten – wie einst z. B. der hl. Franziskus (1181–1226) oder in unseren Tagen der 1968 verstorbene hl. Padre Pio. Petrus von Dacien, der damals zu seinem dritten Besuch in Stommeln weilte, berichtet darüber.

8. Christina wird von einem Rudel Wölfe angegriffen.
Als Christina mit einem Pferdekarren und in Begleitung ihres Bruders und eines Dritten auf dem Weg nach Köln war, wurden sie nächtens von Teufeln in Wolfsgestalt überfallen. Sie gaukelten ihr vor, sie hätten ihre Begleiter aufgefressen, aber Christina blieb standhaft und ohne Furcht.

▲ 18 Linkes Chorfenster, Felder 5 bis 10 (Foto: Lieven, 1978)

▶ 19 Linkes Chorfenster, 7. Feld: Stigmatisierung Christinas

9. Während der Schlacht von Worringen wird Christina vom Teufel zerkratzt.
Im Frühjahr des Jahres 1288, bis zum Ende der Schlacht von Worringen (5. 6.), wurde Christina wiederholt von Teufeln schwer mißhandelt. Ausgelöst durch Erbstreitigkeiten zwischen Limburg und Brabant, ging es um die Vorherrschaft am Niederrhein; beteiligt waren u. a. auch der Kölner Erzbischof, die Stadt Köln und der Graf von Jülich, zu dessen Territorium Stommeln gehörte. Auf dem Bild zerkratzt ein fratzenhafter Teufel Christina auf ihrem Lager.

10. Mit dem Ende der Schlacht von Worringen enden die Teufelsversuchungen Christinas.
Das Bild ist zweigeteilt: Oben treffen zwei Reiterheere, angeführt von dem Kölner Erzbischof und dem Herzog von Brabant, mit stoßbereiten Lanzen aufeinander; Teufel hatten Christina dieses Trugbild vor Augen geführt, um ihre Seele zu quälen; aber sie betet zu Gott, der ihr Trost bringt. Die Teufel, zitternd vor Angst, erklären sich für besiegt; gefesselt liegt einer von ihnen unten.

Mittleres Chorfenster
Es thematisiert das Wiederkommen des Menschensohnes und das Weltgericht am Ende der Tage. Pauli verwendet hierzu Motive aus der Geheimen Offenbarung (Apokalypse) des Johannes. Das Leben Christinas wird hineingestellt in den umfassenden Zusammenhang der Heilswerwartung aller Menschen.
In der Maßwerkspitze erkennt man die Hand Gottes, deren ausgestreckte Finger auf den in den Feldern 2 und 4 erscheinenden Christus verweisen und damit dessen göttliche Natur belegen. Aus der Hand Gottvaters steigt die Taube des Hl. Geistes hernieder. Die Einzelelemente des Fensters ergänzen sich zu einer Darstellung der göttlichen Dreifaltigkeit.

1.+3. Die sieben Gemeinden
Sieben Leuchter symbolisieren die sieben Gemeinden, an die Johannes sich auf Geheiß des Herrn mit seiner Geheimen Offenbarung wendet (Offb 1,12 u. 20), um ihnen die ihm auf Patmos offenbarten Geheimnisse über die Letzten Dinge mitzuteilen. Die sieben Gemeinden stehen sinnbildlich für die ganze Christenheit. Abweichend vom Schrifttext, wählt Pauli nur für einen Leuchter die Farbe Gold, ansonsten die Farbe Rot.

2.+4. Der wiederkommende Menschensohn
Inmitten die sieben Leuchter erblickt Johannes jemanden, „der einem Menschensohn glich; er trug ein Gewand, das bis zu den Füßen ging, und an der Brust war er umgürtet mit einem goldenen Gürtel. Sein Haupt und seine Haare waren leuchtend hell wie schneeweiße Wolle, seine Augen wie eine Feuerflamme, und seine Füße glichen glänzendem Erz, als wären sie im Feuerofen zum Glühen gebracht, und seine Stimme war wie das Rauschen vieler Wasser. In seiner Rechten hielt er sieben Sterne, und aus seinem Munde ging ein Schwert hervor, zweischneidig scharf, und sein Antlitz strahlte wie die Sonne in ihrer Kraft." (Offb 1,13-16) Pauli setzt diese geheimnisvollen Bilder von der Herrlichkeit des wiederkommenden Christus künstlerisch soweit möglich wörtlich um. Die sieben Sterne symbolisieren nach Offb 1,20 die Engel der sieben Gemeinden. Mit dem „Schwert des Mundes" (Offb 2,16) wird der Menschensohn alle Götzendiener niederkämpfen.

3. Der Baum des Lebens
Seine Früchte schenken ewiges Leben: „Wer ein Ohr hat, der höre, was der Geist den Gemeinden sagt: Dem Sieger werde ich zu essen geben vom Baum des Le-

bens, der im Paradiese Gottes steht." (Offb 2,7) Der Baum des Lebens im Paradies der Endzeit – mit Blättern und stilisierten zwölf roten Früchten – greift auf Motive des urzeitlichen Paradieses von Adam und Eva zurück.

6. Die Kelter des Zorns
Das Bild von der Kelter, in der die geernteten Weintrauben „getreten" und zerdrückt werden, um den Most zu gewinnen, ist ein Bild des göttlichen Gerichtes. In Offb 14,20 heißt es: „Und die Kelter wurde getreten außerhalb der Stadt, und es floß Blut aus der Kelter."

7. Erdbeben und fallender Stern
Dargestellt sind ein umstürzender Turm (des irdischen Jerusalem) und ein fallender Stern. In der Geheimen Offenbarung (6,12-13) heißt es: „Es entstand ein gewaltiges Beben, die Sonne wurde schwarz wie ein härener Sack, und der ganze Mond wurde wie Blut. Die Sterne des Himmels fielen auf die Erde, wie der Feigenbaum seine unreifen Früchte abwirft, wenn er vom Sturmwind geschüttelt wird."

8. Das Buch des Lebens
Beim Weltgericht wird das Buch des Lebens aufgeschlagen, in dem die Namen der Auserwählten verzeichnet sind (vgl. 2 Mos 32, 32f.; Offb 20,12). Die aufgeschlagenen Buchseiten enthalten den Textauszug: „Der Sieger wird so mit weißen Gewändern angetan und nimmer löschen seinen Namen aus dem Buch des Lebens. Offb 3,5"

9. Die Säule im Tempel des Himmlischen Jerusalem
Der Tempel symbolisiert das neue Jerusalem, die Heilige Stadt, von der Johannes in seiner Offenbarung (21,1ff.) berichtet. Gemeint ist damit die himmlische Wohnung der Seligen. Die goldene Säule symbolisiert die Auserwählten, denen ein ewiger Platz im Tempel ihres Gottes bereitet ist; vgl. Offb 3,12: „Den Sieger werde ich zu einer Säule machen im Tempel meines Gottes, und sie wird nimmermehr herausgenommen werden."

10. Christus und die selige Christina
Christina (links) sitzt an der Seite Christi.

▲ 20 Mittleres Chorfenster, Felder 1 bis 6

Rechtes Chorfenster
Thema der Einzeldarstellungen ist, was Christina für andere Menschen getan hat und wie sie in der Volksfrömmigkeit weiterlebt. In der Maßwerkspitze steigt ein Engel hernieder mit einem Palmzweig in der Hand als Zeichen für Christinas Erwählung.

1. Christina bekehrt sieben Raubmörder.
Teufel haben Christina im Wald mit Ketten an einen Baum gefesselt, um sie den berüchtigten sieben Raubmördern auszuliefern. Die erkennen in deren großer See-

lenstärke und dem strahlenden Licht ihrer bald entrückten Erscheinung das Wirken Gottes und bekehren sich.

2. Christina sühnt für die arme Seele eines hingerichteten Adligen im Fegefeuer.
Christina kniet rechts mit geschlossenen Augen und sieht im Geiste die Marter der armen Seele eines Adligen, der seiner Untaten wegen bei Aachen aufs Rad geflochten und getötet worden war. Der Geräderte fleht sie mit aufgerissenen Augen an. Christina erleidet stellvertretend viele Teufelsqualen für ihn und erlöst ihn schließlich.

3. Bildfigur Christinas am Kölner Dom
Wiedergegeben ist eine aus der zweiten Häfte des 19. Jahrhunderts stammende Steinskulptur von der westlichen Nebenpforte an der Nordseite des Kölner Domes (in der äußeren Hohlkehle). Der Wolf zu Füßen der sitzenden Christina erinnert an ihre zahlreichen Teufelsheimsuchungen.

4. Bildnis Christinas am Grabmahl zu Jülich
Die dargestellte Holzskulptur aus der Jülicher Stiftskirche ist 1944 durch Bomben zerstört worden.

5. Buchtäschchen und Gebetstäfelchen aus dem Besitz Christinas
Sie stammen aus dem Jülicher Reliquienschrein. Die beiden Gebetstäfelchen, im Original 16 cm hoch, dienten als eine Art Hausaltärchen und enthalten in der Mitte jeweils Miniaturmalereien von der Kreuzigung Jesu (mit Assistenzfiguren) und von Maria mit dem Kind; am Rand sind Reliquien eingefügt.

6. Die Schädelreliquie
Am Stirnbein des Schädels aus dem Jülicher Reliquienschrein ist ein grünlicher Streifen erkennbar, den die fromme Überlieferung als Folge des Stigmas der Dornenkrone deutet. Pauli hat ihn in seiner Glasmalerei deutlich akzentuiert.

7. Heilung des gichtkranken Grafen Dietrich IX. von Kleve am Grabe Christinas
1339 wurde der gichtkranke Graf Dietrich IX. von Kleve von seiner Krankheit geheilt, als man ihm eine Reliquie Christinas zur Verehrung reichte. Pauli zeigt ihn sitzend mit umwickelten Beinen am offenen Grab, aus dem er eine Beinreliquie (gegen seine Beinkrankheit) entnommen hat. Drei Zeugen des Wunders heben staunend die Hände.

8. Die Seligsprechungsurkunde
Papst Pius X. genehmigte am 12. August 1908 die Verehrung Christinas als Selige. Die gemalte Siegelurkunde enthält den Text: „Selige Christina von Stommeln. Nach langwieriger und sorgfältiger Prüfung hat die Ritenkongregation in ihrer Sitzung vom 11. August 1908 auf Anstehen des Kardinals H(ieronymus) Gotti das Urteil des Cölner Erzbischofs bestätigt, und am darauffolgenden Tage hat Papst Pius X. die Verehrung der seligen Christina gutgeheißen." Der teilweise verdeckte Text ist wörtlich der Lebensbeschreibung Christinas von Arnold Steffens (S. 172) entnommen.

9. Das Grabmal Christinas in Jülich
Dargestellt ist das mit einem schmiedeeisernen Gitter eingeschlossene steinerne Grabmahl Christinas, das bis 1783 im Chor der Jülicher Stiftskirche gestanden hat. Beim Einsturz des Chores 1783 wurde es zerstört. Der von dem Eisengitter getragene obere Schrein enthielt Kleidungsstücke der Seligen; an der Stirnseite befand sich das oben (Nr. 4) beschriebene Bildnis Christinas.

► 21 Ehemaliges Grabmahl Christinas in Jülich, Abb. in ihrer Lebensbeschreibung von Wollersheim (1859); Bildvorlage für das 9. Feld

◄ 22 Rechtes Chorfenster, 10. Feld: Betender Pfarrer Müller

◄ 23 Taufbecken von Ludger Martens

10. Betender Pfarrer
Als „Stifterfigur" hat Franz Pauli seinen Auftraggeber, den Stommelner Pfarrer Johannes Müller, dargestellt. Unten rechts findet sich die Signatur „Pa 62".

Sonstige Fenster
Die beiden Fenster an der Südwand des Chores, an den Außenwänden der Seitenschiffe und in der Sakristei hat Pauli, angelehnt an das Grundmuster der drei östlichen Chorfenster, ornamental in der Farben Grau und Weiß gestaltet. In die Maßwerkspitzen hat er jedoch, Bezug nehmend auf das Leben Christinas, jeweils farbige Figuren hineingestellt: in die der Chorfenster Engel und in die der Seitenschiffenster verschiedenartige Teufelsfratzen. Im Sakristeifenster tritt zu dem Engel in der Spitze noch ein weiterer in der Mitte der rechten Fensterbahn hinzu.

◄ 24 Taufbecken von Ludger Martens

Taufbecken (Ludger Martens, 1999)

Ein 1864 für die alte Martinuskirche gestiftetes Taufbecken wurde in die neue Pfarrkirche übernommen.
Das jetzige, zunächst als einmaliges Provisorium gedachte Taufbecken wurde 1999 von dem französischen Bildhauer Ludger Martens geschenkt, als diesen die Ehrenpflicht eines Taufpaten in die Martinuskirche in Stommeln führte und er im Vorfeld erfuhr, daß dort ein Taufbecken fehlte. Den quadratischen Block aus sedimentärem Sandstein hat er aus der steinernen Eingangsschwelle eines alten französischen Wohnhauses geschnitten. In diesen hat der Künstler ein ca. 3 cm breites quadratisches Raster eingesägt, wobei die Schnitte sich zur Mitte hin rundlich vertieften. Beim anschließenden Herausbrechen der kleinen Steinblöcke blieben die unterschiedlich hohen Bruchstellen unbearbeitet, so daß die Beckenmulde stark zerklüftet ist. Quarzkristalle und eine versteinerte Muschel sind in den Stein eingeschlossen. In den Beckengrund hat der Künstler das urchristliche Fischsymbol eingehauen.
Das Steinbecken wird getragen von vier aufrecht stehenden Holzstützen, die aus einem ehemaligen Dachfirstbalken geschnitten sind; alte vorstehende Nägel re-

gen Vermutungen zu ihrer früheren Verwendung an und eröffnen der Fantasie ein weites Assoziationsfeld symbolischer Bezüge. Die vier Holzstützen werden durch ein Eisenband zusammengehaltenen.

Das ungewöhnliche Taufbecken hat inzwischen einen dauernden Platz im Chor der Kirche gefunden. Der Künstler hat 1999 seiner Schenkung die folgende Kurzbeschreibung beigefügt:

„Eine Taufstelle
Das Becken
Ein Stein, der einmal eine Eingangsschwelle war.
Eine versteinerte Muschel und Quarzkristalle,
die schon immer da waren.
Ein Fisch auf dem Boden, darüber das Wasser.
Die Säule
Vier Eichenbalken, die einmal ein Dachfirst waren.
Die Nägel, die geblieben sind.
Das Band, das alles zusammenhält.
Das Ganze
Beweglich, zerlegbar, in der Absicht,
überall aufgestellt zu werden.“

▼ 25 Grabstein von Pfarrer Johannes Stahl

Grabstein des Pfarrers Johannes Stahl

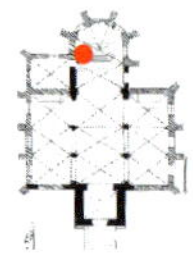

Der Grabstein des ehemaligen Stommelner Pfarrers Johannes Stahl (1670–1706) in der nördlichen Chorwand (H 108 cm, B 99 cm) enthält eine Inschrift, die dessen Verdienste um den Ausbau des Kirchengebäudes rühmt:

D(eo) O(ptimo) C(reatori) M(aximo)*
STA VIATOR LEGE ET LVGE
nIL stabILe sVb soLe esse Mente perpenDe Lente
SCIRE QVIS HIC SIT CVPIS FVIT IOANNES STAHL PASTOR IN
STOMMELL ANNIS 36 VIAM VNIVERSAE CARNIS INGRES(SVS)
IPSA
DIE ANIMARVM HORA 6TA 1706 AETATE 66
VIr fVIt InsIgnIs zeLosVs CharVs VbIVIs
paVperIe Is pressos IVVIt aMore DeI
CaMpanas horas strVXIt pIa Vota paraVIt
aeDIbVs hIs testans Is qVoqVe Vota tVLIt
seDIbVs aLtarI tVrrI pIa LIMIna IVnXIt
VIVVs et InterIIt fVnera fLente grege
ABI VIATOR MEMENTO MORI
MORS NEC GREGI NEC PARCIT PASTORI
R(equiescat) I(n) P(ace)

Auf deutsch:

„Gott, dem allerhöchsten Schöpfer.*
Stehe, Wanderer, lies und trauere!
Daß nichts beständig ist unter der Sonne, erwäge mit ruhigem Sinn. Du möchtest wissen, wer hier liegt. Es war Johannes Stahl, Pfarrer in Stommeln 36 Jahre lang; den Weg allen Fleisches ist er gegangen genau am Allerseelentag um die 6. Stunde (mittags) 1706 im Alter von 66 Jahren.
Er war ein außerordentlicher Mann, voller Eifer und bei allen beliebt. Durch Armut Bedrückte unterstützte er aus Liebe zu Gott.
Die Glocken und die Turmuhr hat er geschaffen, fromme Weihegeschenke hat er veranlaßt. Wie er durch dieses Gotteshaus bezeugt, hat er selbst Weihegeschenke

**Die vorgeschlagene Deutung der Abkürzung kann nicht als gesichert gelten.*

dargebracht. Nach den Kirchenbänken, dem Altar und dem Turm hat er zu seinen Lebzeiten (neue) Kircheneingänge geschaffen, und beweint von der Gemeinde, wurde er zu Grabe getragen.
Gehe, Wanderer, gedenke des Todes! Der Tod verschont weder die Herde noch den Hirten.
Ruhe in Frieden!"

Das Relief im oberen Teil des Grabsteins zeigt auf einem beidseitig gekerbten Schild – zwischen Stundenglas und Totenschädel, den Emblemen der Vergänglichkeit und des Todes, und beschirmt von einem Engel – die Gestalt des Johannes Stahl (vgl. die Initialen „I S" zu beiden Seiten), gekleidet mit der Albe des Priesters, den Hostienkelch in der Rechten. Die gekreuzten Balken- oder Bretterbündel auf dem Schildfuß sind vielleicht als Bestandteile eines Familienwappens anzusehen. Das Chronogramm in Zeile 3 und die drei Chronodistichen in Z. 7 bis 12 geben jeweils die Jahreszahl 1707 für die Errichtung des Grabsteins an.

Grabstein des Vikars Johannes Esser

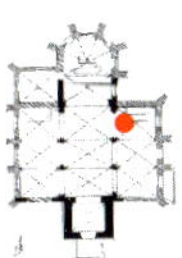

An der Ostwand des südlichen Seitenschiffes, verdeckt vom Spieltisch der elekronischen Orgel, befindet sich der Grabstein des Vikars Johannes Esser (H 63 cm, B 53 cm), der unter den Symbolen von Priesterkelch, Stundenglas und Totenkopf die Inschrift enthält:

IIMA APRIL(IS)
1776 OBIIT R(EVEREN)DVS D(OMI)NVS
IOANNES ESSER VICARIVS
DIVI PETRI IN STOMMELEN
SACERDOTII 50 &
AETATIS SVAE 76
R I P

Auf deutsch: „ Am 2. April 1776 starb der hochwürdige Herr Johannes Esser, Vikar des hl. Petrus in Stommeln, im 50. Jahr seines Priestertums und im Alter von 76 Jahren."
Johannes Esser, am 25. Januar 1701 in Stommeln geboren, war zunächst drei Jahre lang Vikar am Beatae-Mariae-Virginis-Altar (nördliches Seitenschiff) gewesen, bis er 1729 die St.-Petrus-Vikarie übernahm, die er dann 47 Jahre lang innehatte.

Kanzel

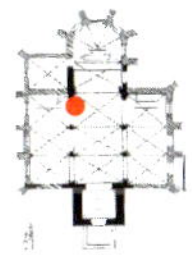

Die Kanzel stammt aus dem 18. Jahrhundert; der Zutritt zu ihr erfolgt durch die damals neu errichtete Sakristei. Die Vorgängerkanzel hatte sich am ersten nördlichen Pfeiler befunden, wie die Inschrift „VERBVM DOMINI MANET IN ETERNVM" (Das Wort des Herrn währt in Ewigkeit) darüber belegt.

Altar im südlichen Seitenschiff

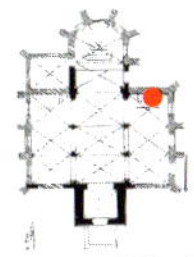

Das historisch bedeutsamste Zeugnis für die Geschichte der Kirche ist der zweiteilige Urkundenstein unter der Altarmensa im südlichen Seitenschiff aus dem Jahre 1141 (B 116 cm, H 39 + 42 cm). Er enthält eine insgesamt sechzehnzeilige Inschrift, die von Zeile 7 an von einer anderen Hand, nämlich tiefer geschlagen worden ist. Sie ist nicht nur inhaltlich, sondern auch hinsichtlich der Entwicklung der Schriftzeichen bemerkenswert. Offensichtlich hat der Altar ursprünglich im Rechteckchor der alten romanischen Kirche gestanden. Im 16. Jahrhundert wurden Altar und Urkundenstein nach dem Anbau des südlichen Seitenschiffes an den jetzigen Ort verlagert und zur Anpassung an das für ihn vorgesehene Retabel seitlich erweitert.
Der Text ist, diplomatischer Tradition folgend, in Publicatio (Bekanntmachungsformel), Dispositio (rechtliche Verfügung), Datierung und Fluchformel am Schluß gegliedert. Wie der ganze Text wird die Verdammungsformel in der letzten Zeile mit einem Kreuz eingeleitet. Die Schenkung ist anderweitig nicht überliefert.
Der Schenker Megenzo nennt sich nach einer Schafenpforte („DE SCAPORTHEN" = „von der Schafenpforte"), wie sie im mittelalterlichen Köln belegt ist (im Bereich Am Rinkenpfuhl/Schaafenstraße). Vermutlich handelt es sich um einen Kölner Bürger. In den Kölner Schreinsurkunden des 12. Jahrhunderts ist der Name „Megenzo" oder „Meinzo" nachweisbar.

Die Inschrift lautet:
+ NOTV(M) FACIO TAM P(RE)SENTIBVS Q(VAM) POSTERIS Q(VO)D EGO MEGEN / ZO DE SCAPORTHEN P(RO) REMEDIO A(N)I(M)E ME(E) ET PARENTV(M) MEOR(VM) DEDI ECCLE(SIE) S(ANCTI) / MARTINI DE STO(M)BLE TRIA MANE T(ER)RE (ET) MANSIONE(M) VNI(VS) DO-

▲ 26 Südlicher Nebenaltar

M(VS) Q(V)O(D) SINGVLIS / ANNIS DABVNT TRES LIBRAS CERE SCILICET VNAQ(VA)Q(VE) NOCTE D(OMI)NICA VNV(M) / NOCT(VR)-NV(M) LVM(EN) PRETEREA VNV(M) MANE DEDI Q(VO)D SAC(ER)DOS INDE HABEBIT IN FESTO / O(MN)IV(M) S(AN)C(T)OR(VM) VNV(M) NV(M)MV(M) ET OSTIARI(VS) ECCLE(SI)E VNV(M) ITE(M) S(ANCTO) NICOLAO DE BRVN-WILRE / QVATVOR MANE ITA DESTINAVI Q(VO)D IN FESTO S(AN)C(T)I NICOLAI AD I(N)-CE(N)SV(M) D(A)B(VN)T(VR) IIII / NVM(M)V(M) (sic) ITE(M) S(ANCTO) GEREONI I(N) FESTO EI(VS) IIII NVM(M)OS DARI C(ON)STITVI SVP-(RA)DICTV(M) ITA DECREVI CENSV(M) SVP-(RA)DICTIS ECCL(ES)IIS, Q(VO)D ENGELWIF / NEPTIS MEA (ET) HENRICVS MARITVS EI(VS) POST ME VNICVIQ(VE) / TRIV(M) ECCL(ES)I-A(RVM) P(RO) REC(O)GNICIONE D(A)B(VN)T IIII NVM(M)OS (ET) SIC ECCL(ES)IIS / IPSI (ET) PO-STERI EOR(VM) H(VN)C CENSV(M) SE(M)P(ER) P(ER)SOLVENT HOC FVIT / ACTV(M) TE(M)PO-RE I(N)NOCENCII PAPE CONR(A)DI REGIS AR-NO(L)DI ARCHIEP(ISCOP)I BRVNONIS PRE(PO-SITI) S(ANCTI) G(EREONIS) AMILII AB(BA)TIS DE BRVNWILRE GOZB(ER)TI PASTORIS EC-(C)L(ESI)E DE STV(M)LE ANNO I(N)C(ARNATI-ONIS) D(OMI)NI ICXLI /
+ HEC MVTANS DA(M)NAT(VS) SIT IN EVV(M)

Auf deutsch:
Den Lebenden ebenso wie den Nachkommen tue ich kund, daß ich, Megenzo von Scaporthen (= Schafpforte), zu meinem eigenen Seelenheil und dem meiner Eltern der Kirche des hl. Martin zu Stommeln drei Morgen Land und das Wohnhaus eines Gutes übereignet habe zur Stiftung von jährlich drei Pfund Wachs, und zwar für eine nächtliche Beleuchtung jeweils in der Christnacht. Außerdem habe ich einen Morgen gestiftet, damit davon am Tag von Allerheiligen der Priester einen Pfennig erhält und der Küster einen. Ebenso habe ich dem hl. Nikolaus in Brauweiler vier Morgen bestimmt, damit am Feste des hl. Nikolaus vier Pfennig für Weihrauch gegeben werden können. Weiterhin habe ich verfügt, daß dem hl. Gereon vier Pfennig an seinem Feste gegeben werden.
Die obengenannte Abgabe habe ich den genannten Kirchen in der Weise zugesprochen, daß meine Enkelin Engelwif und ihr Mann Heinrich nach mir jeder der drei Kirchen zum Gedächtnis vier Pfennig geben und so sie selbst und ihre Nachkommen den Kirchen diese Spende immer auszahlen.
Dies wurde verfügt zur Zeit des Papstes Innozenz (II.), des Königs Konrad (III.), des Erzbischofs Arnold (I.), des Propstes Bruno von St. Gereon, des Abtes Amilius von Brauweiler, des Pfarrers der Stommelner Kirche Gozbert, im 1141. Jahr der Menschwerdung des Herrn. Wer daran etwas ändert, sei verdammt auf ewig."

Das Altarblatt in einem reich geschnitzten barocken Holzrahmen stellt das Martyrium der hl. Ursula und ihrer Gefährtinnen dar. Es wurde 1716 der Kirche von der Äbtissin von St. Cäcilien, wo es bis dahin im Jungfrauenchor aufgestellt gewesen war, geschenkt. Ein zweites, deutlich kleineres oberes Gemälde stellt wohl Gottvater mit der Weltkugel dar. Darüber erkennt man in einer vergoldeten, mit Knorpelwerk umgebenen Kartusche das Christusmonogramm in einer gezackten Sonnenscheibe.

▲ 27 Urkundenstein von 1141 am südlichen Seitenaltar

Altar im nördlichen Seitenschiff

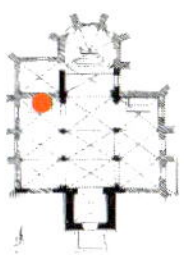

Die heute auf dem steinernen Altartisch stehende, aus Holz geschnitzte und farbig gefaßte Figurengruppe „Beweinung Christi" ist eine künstlerisch eindrucksvolle Arbeit des Aachener Bildhauers Lambert Piedboeuf (1863–1950), die 1937 für die Turmhalle der neuen Pfarrkirche angeschafft worden war (H 70 cm, B 130 cm). Maria beugt sich über den liegenden Leichnam ihres Sohnes, dessen Oberkörper von einem geflügelten knieenden Engel gestützt wird. Sie hält den über den Schoß herunterliegenden linken Arm Jesu in ihrer Hand, während der rechte leblos herabgefallen ist. Ein zweiter geflügelter Engel mit verschränkten, betenden Händen kniet rechts. Der jetzige Standort ist denkbar ungünstig und läßt die künstlerische Qualität des Werkes kaum zur Geltung kommen.

Wandmalereien

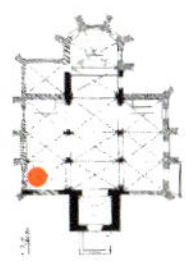

Reste eines Apostelzyklus

In der Nordwestecke des Nordschiffes ist eine Seccomalerei des Apostels Philippus erhalten. Es ist der einzige heute noch sichtbare Rest eines Zyklus aller zwölf Aposteln, die über die Außenwände der Seitenschiffe verteilt waren und denen jeweils unterhalb der Füße eine Tafel mit einem Satz des Apostolischen Glaubensbekenntnisses in

◄◄ 28 „Beweinung Christi" auf dem nördlichen Seitenaltar von L. Piedboeuf

◄ 29 Apostel Philipp aus dem Apostelzyklus

Bildnis der hl. Katharina

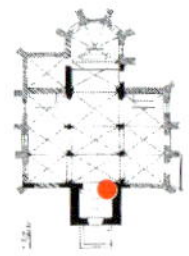

In der südlichen Laibung desTurmbogens ist zur Hälfte ein Bildnis der hl. Katharina mit Nimbus, rostrotem Untergewand und blauem Mantel erhalten. Ihre Attribute sind nur in Resten vorhanden: Die rechte Hand umfaßt den Reifenbogen eines Rades, die linke einen Schwertgriff (mit Knauf und Stichblatt), dessen nach unten gerichtete Klinge verloren ist. Die Attribute erinnern an das Martyrium der Heiligen. Die hohe Stirn, das streng nach hinten gekämmte Haar, die überschlanken Hände und das rotbraune zarte Rankenwerk im Hintergrund lassen einen Künstler aus dem Umkreis der Kölner Malerschule vermuten.
Die hl. Katharina von Alexandrien (4. Jh.) wurde als eine der Vierzehn Nothelfer verehrt.

▲ 30 Hl. Katharina, Wandmalerei in der Laibung des Turmbogens

► 31 Wandmalerei an der Ostwand des südlichen Seitenschiffes, rechte Hälfte

deutscher Sprache und gotischer Schrift zugeordnet war – gemäß der Volksmeinung, daß die Apostel am Pfingsttage vor ihrem Aufbruch zur Verkündigung des Evangeliums jeweils einen der zwölf Glaubenssätze des Credos beigesteuert hätten. In dem Stommelner Apostelzyklus kann man wohl ein Zeugnis der siegreichen Gegenreformation im Kölner Erzstift sehen: 1589 hatte der zum Protestantismus übergetretene Gebhard Truchseß endgültig auf das Kölner Erzstift verzichtet.

Wandmalerei im südlichen Seitenschiff

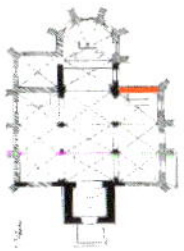

Die Wandmalerei von 1596 an der Ostwand des südlichen Seitenschiffes ist zum großen Teil durch den Altaraufsatz verdeckt. Die Bildkomposition läßt vermuten, daß das heute vermauerte Spitzbogenfenster in der Mitte der Wand bei der Entstehung der Malerei geöffnet war. Sie ist nur fragmentarisch erhalten, teilweise aber auch noch von mehreren Tünchschichten überdeckt. Unten links erkennt man einen Fliesenboden und zwei Figuren; heute nicht mehr lesbare Spruchbänder informieren über die dargestellte Szene. Über einer nur bruchstückhaft erhaltenen Schriftzeile in Konsolenhöhe kann man trotz weitgehender Zerstörung eine Kreuzigungsdarstellung erahnen. Darüber, unter dem Gewölbogen, ist der auferstandene Christus in der Strahlenglorie dargestellt; unter ihm sieht man das offene Steingrab, links davon vermutlich Personen am Grab(?), rechts die Grabwächter. Vom Altarblatt verdeckt, ist eine fünfköpfige Stifterfamilie dargestellt. Die schwarz eingerahmte, stark lückenhafte Schriftzeile am Fuße der Malerei nimmt darauf wohl Bezug; links vom Retabel erkennt man den Namen „Joannes Schauf", rechts die zweizeilige Inschrift: „...Creutz halffen Zur Zeydt Kirchmister vnd Druidgen sein huißfraw Crawinckel dochter ...(unleserlich)."
Am rechten Rand ist über dieser Schrift eine Verkündigungsszene dargestellt. Mit überkreuzten Beinen sitzt Maria, in einem Buch lesend, vor einem gemusterten Vorhang. Vor ihr steht eine Vase mit Lilien. Vom Altarblatt weitgehend verdeckt, erscheint ihr der Engel Gabriel.

Turmhallengitter

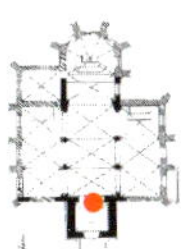

Es ist zusammengefügt aus zahlreichen gußeisernen, forkenähnlichen Einzelteilen, die jeweils an ihren drei Enden auf senkrechte Rundstäbe aufgesteckt sind. Die Mitte unter der Giebelspitze besteht aus vier schlanken, durchbrochenen Platten. Die beiden Türflügel weisen waagerechte Metallbänder auf, die um die senkrechten Rundstäbe geflochten sind.

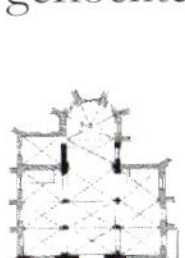

Turmportal (Kurt Wolf v. Borries, Köln-Junkersdorf, 1967)
Die Oberfläche der beiden Türflügel weist eine grobe Textilstruktur auf. In sie sind fünf kleinformatige Reliefs eingetieft, die – unter Einbeziehung des mantelteilenden heiligen Martin – die christlichen Werke der Barmherzigkeit darstellen: dem Hungrigen zu essen und dem Durstigen zu trinken geben, den Fremden beherbergen, den Nackten bekleiden, den Kranken und den Gefangenen besuchen, die Toten begraben. Über den Wolken erkennt man oben das Himmlische Jerusalem, in dem den Auserwählten eine ewige Wohnung bereitet ist.

▲ 32 Wandmalerei an der Ostwand des südlichen Seitenschiffes, linke Hälfte

▲ 34 Detail aus dem Turmportal: St. Martin teilt den Mantel

▲ 33 Turmportal

► 35 Südwestliches Eingangsportal

Südwestliches Eingangsportal (Kurt Wolf von Borries, Köln-Junkersdorf, 1967)

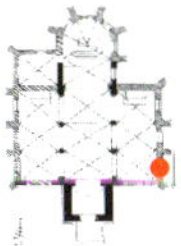

Der bäuerlichen Tradition des Ortes entsprechend, zeigt die einflügelige Bronzetür als Motiv aufrecht stehende Ähren, die seit der Antike als Sinnbilder des ewigen Kreislaufes von Vergehen und neuem Werden in der Natur gelten. In spezifisch christlicher Deutung wurden sie zu Symbolen von Jesu Tod und Auferstehung sowie – als Ausgangsbasis des Brotes – der Eucharistie.

Geläut

Im Turm der Alten Kirche hängen zwei Glocken:

1. Friedensglocke

Inschrift: Da pacem Domine

Gegossen 1953 durch Petit&Edelbrock in Gescher, 498 mm Durchmesser, 80 kg, Schlagton g"

2. Christinaglocke

Inschrift: In Leben und Tod helfe die Fürbitte der seligen Christina

Gegossen 1967 bei Hausen-Mabilon im Saarland, 415 mm Durchmesser, 45 kg, Schlagton b"

Christinadenkmal

Angelehnt an die äußere westliche Stirnwand des nördlichen Seitenschiffs, links vom Turmeingang, steht am Ort des ursprünglichen Grabes der seligen Christina ein neugotisches Denkmal aus dem Jahre 1896. Ihr lebensgroßes Bildnis zeigt, wie sie über den Teufel triumphiert. Die Inschrift auf dem Sockel lautet:

„An dieser Stelle ruhte zuerst die selige Christina von Stommeln aus der Familie Bruso. Sie wurde geboren zu Stommeln den 24. Juli 1242 und starb daselbst am 6. November 1312. Auf Veranlassung des durch ihre Fürbitte von schwerem Gichtleiden geheilten Grafen Theoderich IX. von Cleve wurden ihre Gebeine 1342 nach Nideggen und von dort 1569 nach Jülich überführt, wo sie jetzt ruhen, während hier noch immer viele ihre Gebete erhört finden. Gerichtet von der katholischen Pfarrgemeinde Stommeln 1896."

▲ 36 Christinadenkmal; rechts daneben das Grab von Pfarrer Christian Klausmann mit der Inschrift: „Dem hier in Gott ruhenden / Hochw. Herrn Pf. u. Jubilarpriester / CHRISTIAN KLAUSMANN / * 17. 7. 1839 zu STRATUM / † 6. 2. 1922 zu STOMMELN / Erbauer der Pfarrkirche / Stifter und Erbauer / des Krankenhauses / in Liebe gewidmet." Darunter der Wahlspruch: „In virtute Christi."

► 36a Christinadenkmal von O. Höhnen auf dem Dorfplatz gegenüber der Pfarrkirche, 1999 auf Initiative von Jakob Dünwald errichtet. Die Inschrift enthält eine falsche Jahresangabe zur Seligsprechung; statt „1912" muß es „1908" heißen.

Pfarrkirche St. Martinus

Pfarrkirche St. Martinus

Baugeschichte

Der Bau der neuen katholischen Pfarrkirche St. Martinus im Jahre 1903/04 ist eng mit dem Namen von Pfarrer Christian Klausmann verbunden. Bevor er im Alter von 53 Jahren im Mai 1893 nach Stommeln kam, war er 22 Jahre lang als Kaplan an St. Mauritius in Köln tätig gewesen, in einer von Vincenz Statz 1861-64 errichteten dreischiffigen neugotischen Basilika von beachtlichen Ausmaßen (im Zweiten Weltkrieg bis auf den Turm zerstört).

Bereits seit 1867 hatte es konkrete Pläne gegeben, die alte Martinuskirche zu erweitern, aber sie waren nie realisiert worden. Der Grund dafür lag einmal in der zunehmenden Krankheit des Pfarrers Johann Gerhard Sieben (1833-1880), vor allem aber auch an den für Stommeln katastrophalen Folgen des Kulturkampfes zwischen dem preußischen Staat und der katholischen Kirche (1871-1887). 1874 wurde Vikar Johann Wilhelm Havermann, der als Pfarrverwalter dem durch seine fortschreitende Alzheimersche Erkrankung beeinträchtigten Pfarrer Sieben an die Seite gestellt worden war, in einer spektakulären Aktion in seiner Stommelner Wohnung verhaftet, in das Kölner Gerichtsgefängnis Klingelpütz gebracht und nach Absitzen einer achtmonatigen Freiheitsstrafe schließlich ins Ausland (Maastricht) ausgewiesen. Pfarrer Sieben war aber ohne seine Unterstützung hilflos. Als er 1880 im Alter von 84 Jahren starb, blieb die Pfarrstelle infolge der Kulturkampfgesetze sieben Jahre lang, bis 1887, unbesetzt. Für Kirchbaupläne waren es wahrlich schlechte Zeiten.

◄ 37 Pfarrkirche St. Martinus

◄ 38 Christian Klausmann, 1909

Als mit dem 64jährigen Viktor Anselm Bausch 1887 endlich wieder ein Pfarrer nach Stommeln kam, griff dieser die Pläne einer Erweiterung der alten Pfarrkirche erneut auf, zumal der Kölner Erzbischof ihm dies beim Amtsantritt besonders ans Herz gelegt hatte. Pfarrer Bausch fand Zustimmung im Kirchenvorstand, aber auch Ablehnung in Teilen der Bevölkerung, die die mit dem Erweiterungsbau verbundenen finanziellen Belastungen in Form einer höheren Kirchensteuerumlage ablehnten. Ein Erfolg seiner Baupläne war Bausch nicht vergönnt, erst 69jährig starb er im Jahre 1893.

All das war Klausmann bekannt, als er 1893 nach Stommeln kam, aber er packte die Aufgabe entschlossen an. Noch im gleichen Jahre berief er eine öffentliche Versammlung aller Kirchensteuerpflichtigen ein. Dabei gelang es ihm, die Gemein-

▲ 39 Pfarrkirche St. Martinus 1938

gebrannt. 1899 erwarb die Kirchengemeinde dieses Grundstück und arrondierte es 1900 noch durch das anschließende „Vosen'sche Besitzthum". Das Grundstück erlaubte zwar keine Ostung, sondern nur eine Nordwest-Ausrichtung der Kirche, was in früheren Zeiten ein ausschließendes Kriterium gewesen wäre, aber die Sinnhaftigkeit dieser tradierten Heilssymbolik opferte man in einer mehr auf äußere Wirkung setzenden Zeit den Möglichkeiten einer eindrucksvollen Repräsentation der Kirche mitten im Ort.

Pfarrer Klausmann verdankte seinen Erfolg nicht nur seiner Tatkraft und Kunst der Menschenführung, sondern auch den besseren gesellschaftspolitischen Rahmenbedingungen, seit der preußische Staat 1887 gegenüber der katholischen Kirche eingelenkt hatte und diese sich als Sieger über Liberalismus ebenso wie über Allmachtsansprüche des Staates fühlen konnte. Daraus entstand ein neues katholisches Selbstbewußtsein, das sich auch in neuen Kirchenbauten manifestierte. Wohl nie zuvor sind so viele Kirchen gebaut worden wie in den beiden Jahrzehnten vor und nach der vorletzten Jahrhundertwende. Ein Blick in die unmittelbare Nachbarschaft Stommelns belegt es eindrucksvoll. (vgl. S. 40)

de für seine Pläne zu gewinnen: Die alte Kirche sollte nicht erweitert, sondern mitten im Ort sollte eine ganz neue Pfarrkirche entstehen. Die finanziellen innerörtlichen Querelen, an denen Pfarrer Bausch gescheitert war, schienen plötzlich vergessen angesichts des großen Zieles, das Pfarrer Klausmann der Gemeinde vor Augen zu stellen wußte. Man schloß sich ihm einstimmig ein und erklärte sich bereit, für einen solchen Neubau mehr Opfer zu bringen zur Ansparung eines Baufonds. Durch einen unglücklich-glücklichen Zufall fand sich auch ein geeignetes Baugrundstück in Ortsmitte: Am 24. November 1891 war der am Dorfanger gelegene „Hövershof" der Familie Esser ab-

Die gewaltigen Bausummen, die aufgebracht wurden, bezeugen ein gesteigertes kirchlich-religiöses Engagement. Es ging einher mit vermehrten Anstrengungen der Ortskirchen um eine katholische Verbandsarbeit, vor allem für die Jugend und die Arbeiterschaft. Während der Kulturkampfzeit hatte man alle Kräfte konzentriert auf die gemeinsame Abwehrfront, nun wollte man heraus aus dem Turm der Selbstverteidigung und gestalterisch in die im Umbruch befindliche Welt hineinwirken.

Daß Pfarrer Klausmann die Kirche vom Ortsrand des Dorfes in dessen Mitte holte, ist geradezu sinnbildlich für dieses Bestreben nach gesellschaftlicher Präsenz und Wirkung; das wird durch die Größe des neuen Kirchengebäudes und die Höhe des weithin sichtbaren Turmes noch unterstrichen. Dieses Wirkenwollen der katholischen Kirche in die Gesellschaft hinein ging aber, trotz zukunftsweisender Ansätze in der Soziallehre, nicht einher mit der Bereitschaft, sich auf die neuen Denkweisen von Philosophie und Wissenschaft einzulassen, vielmehr verharrte man auf der eigenen Tradition, der mittelalterlichen Scholastik zumal, und verurteilte den neuen Geist der Zeit, allem voran den Liberalismus, als „Modernismus". Der Anspruch auf gesellschaftliche Wirkung nahm den Charakter einer restaurativen Missionierung, einer Rechristianisierung im katholischen Sinne an.

Auch in der Kunst kann man diese Rückwendung zum christlichen Mittelalter beobachten in der Verabsolutierung der Romanik und insbesondere der Gotik als der vermeintlich einzig wahren christlichen Baukunst. Wichtige Impulse für die Durchsetzung der neugotischen Bewegung gingen aus von der Wiederaufnahme und Vollendung des Kölner Dombaus nach mittelalterlichen Plänen in den Jahren zwischen 1842 und 1880 und der damit verbundenen Gründung der Kölner Dombauhütte. Im Erzbistum Köln waren es seit der Mitte des 19. Jahrhunderts vor allem Generalvikar und Weihbischof Friedrich Baudri (1804–1893) und der Zentrumspolitiker und langjährige Schriftleiter des einflußreichen „Kölner Domblattes" August Reichensperger (1808–1895), die dafür sorgten, daß mit Hilfe der kirchlichen Baugenehmigungsverfahren möglichst neugotische Entwürfe zum Zuge kamen. Daneben behauptete sich mit deutlich schwächerem, vor dem Ersten Weltkrieg aber wieder steigendem Anteil auch die Neoromanik. Manche Architekten, darunter auch Theodor Roß, entwarfen Kirchen in beiden Stilrichtungen und machten damit zugleich deutlich, daß der gewählte Baustil etwas Zitatenhaft-Beliebiges an sich hatte und nicht eine aus der Auseinandersetzung mit

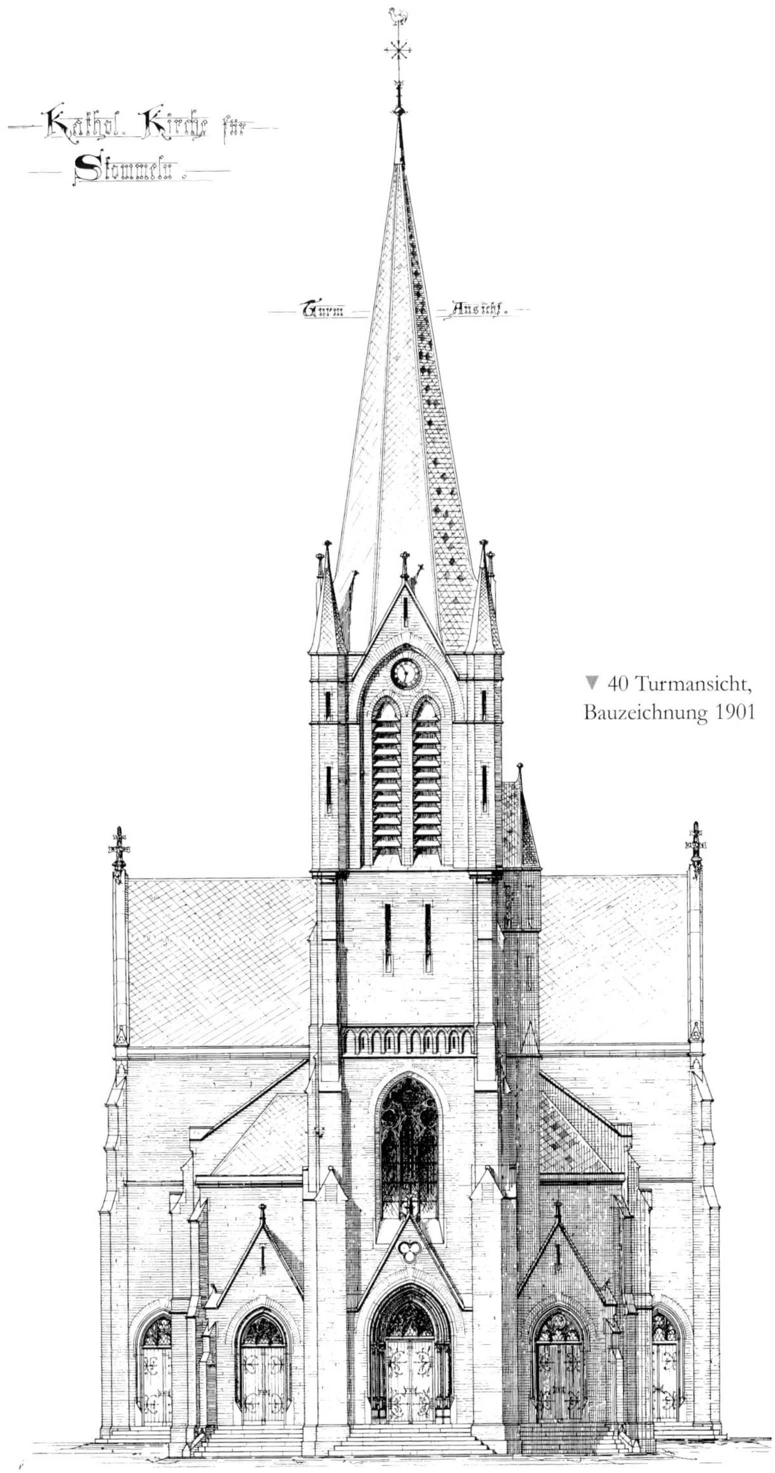

▼ 40 Turmansicht, Bauzeichnung 1901

Beispiele für Kirchenneubauten im Stommelner Umland zwischen 1890 und dem Ersten Weltkrieg

Erweiterungs- und Umbauten bleiben unberücksichtigt.

Bauzeit	**Ort**	**Patrozinium**	**Baustil**	**Architekt**
1890	Köln-Müngersdorf	St. Vitalis	neurom.	Theodor Kremer
1891	Hürth-Berrenrath	St. Wendelin	neugot.	Theodor Roß
1891–92	Hürth-Gleuel	St. Dionysius	neugot.	Julius Busch
1892	Frechen-Kleinkönigsdorf	St. Maria Magdalena	neurom.	Max Trimborn
1892–94	Köln-Niehl	St. Katharina	neurom.	Theodor Kremer
1893–1900	Köln	Herz Jesu	neugot.	Friedrich von Schmidt Bauleitung Theodor Roß
1894	Pulheim-Geyen	St. Cornelius	neugot.	Theodor Roß
1894–95	Bergheim-Büsdorf	St. Laurentius	neugot.	Theodor Roß
1894–95	Hürth	St. Katharina	neurom.	Theodor Roß
1895–96	Bornheim-Hemmerich	St. Ägidius	neugot.	Theodor Roß
1896–97	Köln, Vinzenz-Hospital	Maria-Hilf	neugot.	Carl Rüdell, Richard Odenthal
1896–1902	Köln	St. Agnes	neugot.	Carl Rüdell, Richard Odenthal
1898–99	Köln-Longerich	St. Dionysius	neugot.	Franz Statz
1899–1900	Grevenbroich	St. Peter	neugot.	Franz Statz
1899–1901	Köln-Ehrenfeld	St. Peter	neugot.	Theodor Roß
1902–04	Köln-Bayenthal	St. Matthias	neugot.	Theodor Kremer
1902–06	Köln	St. Michael	neurom.	Eduard Endler
1903–04	Pulheim-Stommeln	St. Martinus	neugot.	Theodor Roß
1905–08	Köln (Neustadt)	St. Paul	neugot.	Stephan Mattar
1906	Köln-Braunsfeld	St. Joseph	neurom.	Heinrich Krings, Theodor Roß
1906–07	Köln-Nippes	St. Joseph	neugot.	?
1906–07	Köln-Raderthal	St. Mariä Empfängnis	neugot.	Carl Rüdell, Richard Odenthal
1907–08	Köln-Ehrenfeld	St. Anna	neurom.	Adolf Nöcker
1907–08	Köln-Sülz	St. Nikolaus	neurom.	Franz Statz
1907–09	Köln-Ehrenfeld	St. Mechtern	neurom.	Eduard Endler
1908	Köln-Junkersdorf	St. Pankratius	neugot.	Bernhard Hertel
1911–12	Grevenbroich-Hülchrath	St. Sebastian	neurom.	?
1911–13	Frechen	St. Severin	neugot.	Heinrich Krings
1913–14	Bergheim-Ichendorf	Heilig Kreuz	neugot.	Heinrich Renard
1914	Köln-Nippes	St. Bonifatius	neurom.	Adolf Nöcker
1913–15	Köln-Zollstock	St. Pius	neugot.	Eduard Endler
1914–16	Köln (Südstadt)	St. Maternus	neurom.	Stephan Mattar

der eigenen Zeit entwickelte eigene architektonische Ausdrucksform war. Die tiefe Erschütterung der deutschen Gesellschaft durch den verlorenen Ersten Weltkrieg hat diesen restaurativen, letztlich unzeitgemäßen Tendenzen ein jähes Ende bereitet.

Als Architekten wählte man in Stommeln den Kölner Theodor Roß (1864–1930), einen Schüler von C. Wilhelm Hase und Heinrich Wiethase. Bereits 1890 hatte er – zusammen mit dem Architekten Knauth – nach Vorschlägen seines Schwiegervaters Franz Schmitz, der im gleichen Jahr als Dombaumeister nach Straßburg ging, eine Skizze zur Erweiterung der alten Martinuskirche in Stommeln entworfen, die jedoch, wie berichtet, nicht realisiert wurde. Nachdem von Roß eingereichte Bauskizzen für die neue Pfarrkirche in Stommeln auf Zustimmung gestoßen waren, erteilte der Kirchenvorstand ihm am 25. August 1901 den Auftrag, die Pläne definitiv auszuarbeiten. Er entwarf eine rund 59 Meter lange neugotische, dreischiffige, gestufte Hallenkirche mit Querhaus und einem ca. 56 m hohen, dem Mittelschiff vorgelagerten Turm.

Die Dimensionen des Neubaus sprengten das übliche Maß einer Dorfkirche. Allein schon durch die kolossale Gewalt der Baumasse gegenüber den damals überwiegend nur eingeschossigen Häusern rundum gewinnt die Kirche etwas demonstrativ Beeindruckendes, in ihr manifestiert sich eine *ecclesia triumphans*, die für sich in Anspruch nimmt, die geistige Mitte des Dorfes zu bilden. Anhand der Bauakte läßt sich studieren, daß anfangs noch etwas zurückhaltendere Pläne zunehmend ausgeweitet wurden. Eine erste Grundrißskizze, die Roß in den Lageplan des Baugrundstückes einzeichnete, sah eine dreischiffige Kirche ohne Querhaus mit einer Gesamtlänge von 40 m und einer Gesamtbreite von ca. 19 m vor. Die wenig später (1901) eingereichte Skizze sah dann bereits eine Gesamtlänge von rund 59 m und eine Gesamtbreite des neu geplanten Querhauses von ca. 28 m vor. Der um drei Stufen erhöhte Chorraum mit einer beachtlichen Tiefe von 11,5 m und einer Breite von 8 m bot Raum für zeremonielle Prachtentfaltung beim feierlichen Gottesdienst.

Gegenüber der Planungsskizze von 1901 weisen die endgültigen Baupläne von 1902 eine erneute Änderung auf, nämlich eine Verbreiterung des Querhauses von ursprünglich geplanten 6,5 m auf 8 m, d. h. auf die Breite des Mittelschiffes, so daß nun eine quadratische Vierung und zwei annähernd gleichgroße Querarme (8,0 x 7,5 m) entstanden. Ziel war dabei, Raum für die Aufstellung von zwei weiteren Nebenaltären zu gewinnen, so daß sich nun dem Kirchenbesucher das prächtige Bild von insgesamt fünf Altären bietet, die dem Hauptaltar zugeordnet sind und in abgestufter Prachtentfaltung in diesem gipfeln. Nach außen entsprechen diesen fünf Altären fünf Portale, die wie die Altäre in ihrem Rang jeweils abgestuft sind.

Anlaß für die Querhausverbreiterung dürfte nicht zuletzt die Tatsache gewesen sein, daß damals (seit 1889) in Rom das Seligsprechungsverfahren für die in Stommeln geborene Begine Christina (1242-1312) im Gange war. Für ihren Altar war der Platz im linken Querhaus vorgesehen, der nach ihrer Seligsprechung 1908 hier aufgestellt wurde. Offenbar ging man in Stommeln davon aus, daß dieser Altar und damit auch die Kirche vermehrt das Ziel von Wallfahrern werden würde. Anfangs hat es dazu auch Ansätze gegeben, nach dem Zweiten Weltkrieg sind sie jedoch zum Erliegen gekommen.

Die großartige Raumwirkung einer Hallenkirche trotz der gegenüber dem Mittelschiff etwas niedrigeren Seitenschiffe erreichte Roß durch eine kühne Gewölbekonstruktion. Vierung und alle Kirchenschiffe weisen ein Kreuzrippengewöl-

► 41 Grundriß (nach einer aktuellen Grundrißaufnahme des Rhein. Amtes für Denkmalpflege)

be auf. Allerdings sind die Seitenschiffe (4 m) nur halb so breit wie das Mittelschiff (8 m), so daß jedem quadratischen Mittelschiffjoch je zwei quadratische Joche von halber Länge in den Seitenschiffen entsprechen. Den mit einem solchen gebundenen System traditionell verbundenen Stützenwechsel von Pfeilern und Säulen hat Roß jedoch zur Erreichung einer größeren Durchsichtigkeit des Innenraums vermieden, indem er die beiden im Scheitel des Scheidebogens sich treffenden Diagonalrippen in der Scheidewand aufliegen läßt. An der Innenseite der Außenwand liegen sie auf Mauervorlagen, abwechselnd größer und kleiner ausgeprägt, auf. Diesen inneren Mauervorlagen entsprechen außen gestufte Strebepfeiler zum Auffangen der Gewölbedrücke; sie sind ebenfalls unterschiedlich groß ausgeprägt und gliedern das äußere Mauerwerk. Durch die beschriebene Gewölbekonstruktion wird eine wesentlich höhere Durchsichtigkeit im Innenraum der Kirche zwischen Mittel- und Seitenschiffen erreicht, so daß diese sich für das Auge zu einer einheitlichen Halle verbinden, obwohl die Außenwände nicht so hoch wie die Mittelschiffwände geführt sind. Es entsteht jener Eindruck der großzügigen Weite, der die Stommelner Kirche auszeichnet. Auch für die großartige Wirkung der farbenprächtigen Kirchenfenster, die diese Halle je nach Tageszeit mit unterschiedlichem Lichtspiel füllen, ist dieses Konstruktionsprinzip die Voraussetzung.

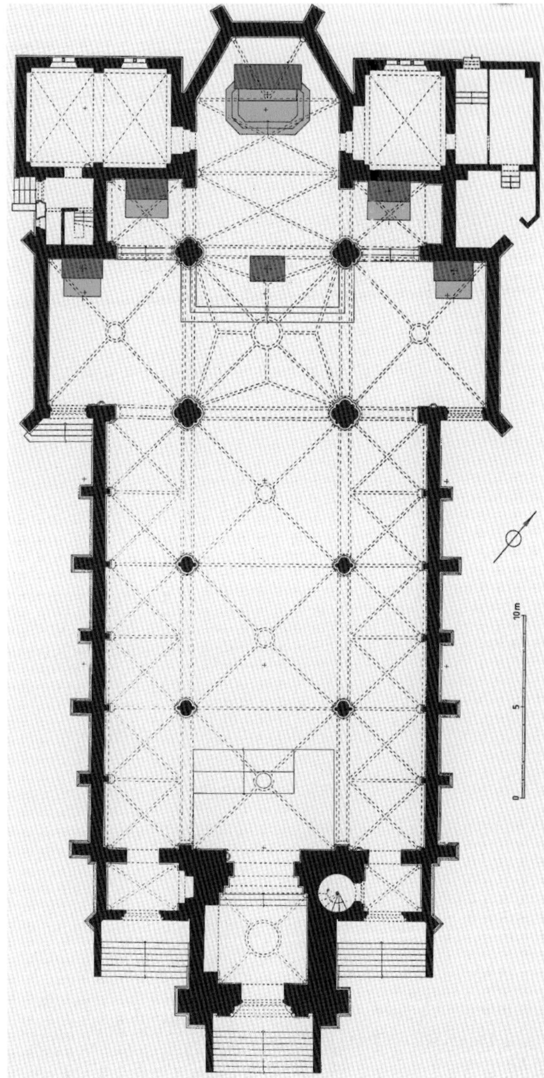

Die vorgesehenen Ausmaße der neuen Pfarrkirche erschienen der Kgl. Regierung nicht zu Unrecht als überdimensioniert, so daß sie im Genehmigungsverfahren eine Verkleinerung verlangte. Notgedrungen sah man sich in Stommeln deshalb gezwungen, den Kirchenraum hinten um ein halbes Joch zu verkürzen. Dies hatte zur Folge, daß man die hier geplante steinerne Orgelempore ersetzen mußte durch eine räumlich sehr beengte hölzerne Orgelbühne, die man wie ein Schwalbennest an das Turmgeschoß anhängte; sie bot weder dem Kirchenchor genügend Platz, noch erlaubte sie eine akustisch günstige Aufstellung der Orgel.

Als im November 1902 der Bauplan endgültig genehmigt wurde, waren die Ausschachtungsarbeiten in Stommeln schon im Gange. Am 3. Mai 1903 erfolgte bei schönstem Frühlingswetter die Grundsteinlegung durch den Kölner Erzbischof

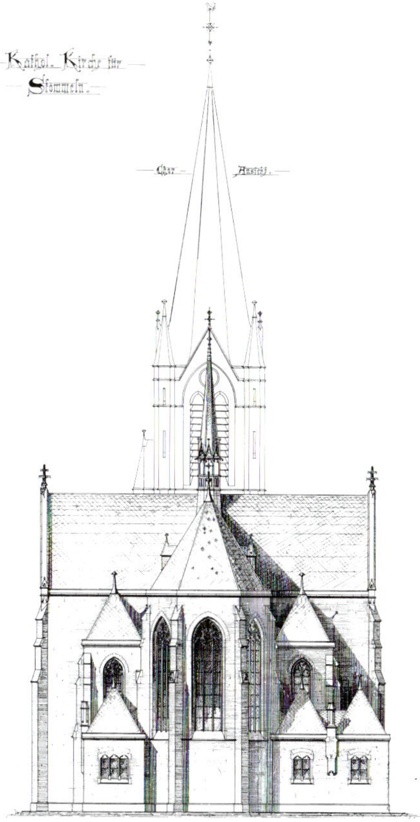

Dr. Antonius Fischer. „Ca. 5 000 Menschen hatten sich aus nah und fern in Stommeln eingefunden“, vermerkt Pfarrer Klausmann in der Pfarrchronik. Die Bauarbeiten schritten danach zügig voran. Klausmann war unermüdlich in der Gemeinde unterwegs, um private Spenden für die Innenausstattung zu gewinnen, und er stieß dabei auf offene Herzen. Der Stolz auf das große Bauwerk, das mitten im Ort emporwuchs, beflügelte die Großherzigkeit vieler. Nach etwa achtzehnmonatiger Bauzeit war es soweit: Am St.-Martins-Tag (11. November) 1904 konnte die neue Kirche durch Domkapitular Dr. Arnold Steffens eingeweiht werden. Am 19. Juni 1905 wurde sie durch Weihbischof Dr. Josef Müller anläßlich seines Firmbesuchs konsekriert.

▲ ◄ 42 Seitenansicht; endgültige, um ein Halbjoch gekürzte Bauzeichnung 1902

▲ 43 Choransicht, Bauzeichnung 1901

◄ 44 Einweihung der neuen Pfarrkirche am 11. November 1904

▲ 45 Blick vom Mühlenberg

Baubeschreibung

Die Stommelner Pfarrkirche St. Martinus ist eine nach Nordwesten ausgerichtete dreischiffige, dreijochige Halle im gebundenen System aus Backstein mit Querschiff, zweijochigem Chor im 3/8-Schluß, rechteckigen Nebenchören und einem Südostturm. Beidseits des Chores sind Sakristeien angebaut, von denen die größere (links) heute als Werktagskapelle genutzt wird. Freitreppen führen vom Vorplatz der Kirche zum Hauptportal im Turm und den beiden Nebeneingängen an den Stirnfronten der Seitenschiffe.

Der ca. 56 m hohe, viergeschossige Turm hat im Untergeschoß ein spitzbogiges Stufenportal mit Maßwerk im Bogenfeld und einem Wimperg; darüber öffnet sich im zweiten Geschoß ein dreibahniges, spitzbogiges Maßwerkfenster. Zweites und drittes Geschoß (mit schmalen Lichtschlitzen) werden an drei Seiten durch eine spitzbogige Blendarchitektur getrennt. Das vierte Geschoß ist reich gegliedert durch jeweils zwei schlanke, spitzbogige Schallöffnungen, die von großen Spitzbogenblenden mit Wimpergen eingefaßt werden. Im Bogenfeld befinden sich die runden Ziffernblätter der Turmuhr. Auf den vier Ecken stehen polygonale Ecktürmchen mit spitzen Helmen; sie fußen auf Eckstreben, die von der Basis des Turms aus dreifach gestuft hochgeführt sind. Der aufstrebende Turm endet in einem hohen, achtseitigen Helm. An die Nordostseite ist ein Treppenturm angebaut.

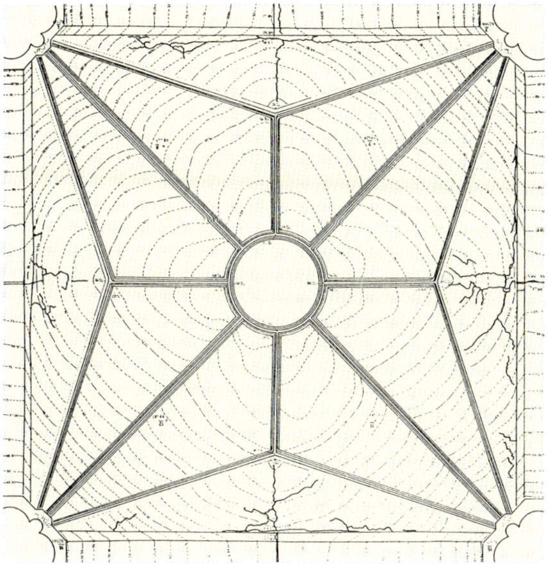

◄ 46 Sternengewölbe in der Vierung; Zeichnung mit Höhenlinien und Rißbildungen vor der Sanierung der Gewölbe (Rhein. Amt für Denkmalpflege)

Die Nebeneingänge der Seitenschiffe sind dem Hauptportal ähnlich und besitzen auch Wimperge, sind aber insgesamt weniger aufwendig gestaltet. Die beiden Eingänge der Querschiffe sind ohne Wimperge.

Die Außenwände der Seitenschiffe sind durch unterschiedlich hohe, gestufte Strebepfeiler im Wechsel gegliedert; zwischen ihnen befinden sich zweibahnige Spitzbogenfenster mit Maßwerk in den Bogenfeldern. Die Giebelwände der Querschiffe mit dreifach gestuften Eckstreben weisen jeweils ein großes, sechsbahniges, mit üppigem Maßwerk versehenes Spitzbogenfenster auf, das nach unten durch Blendarkaden optisch verlängert wird; in den Giebelspitzen öffnen sich jeweils drei gestufte Lichtschlitze mit Spitzbogenblenden. Die Fenster der Hauptchorjoche sind zwei-, die des Chorschlusses dreibahnig. Die Werksteinteile sind aus hellem Sandstein. Der kleine Vierungsturm mit gotischen Formelementen war ursprünglich durchbrochen und wirkte dadurch sehr elegant; er ist seit den 1960er Jahren aus Kostengründen durch eine Schieferverkleidung geschlossen worden.

Im Innern sind den drei Jochen des Mittelschiffes sechs Joche der Seitenschiffe zugeordnet (gebundenes System). Der Innenraum weist durchgehend Kreuzrippengewölbe auf, die – mit Ausnahme der Seitenschiffe – jeweils in einem Scheitelring enden. Die Vierung ist durch ein Sterngewölbe ausgezeichnet. Die Gewölberippen werden von jungen Diensten an den beiden Schiffseiten der sandsteinernen Rundpfeiler aufgenommen, an den Seitenschiffaußenwänden ruhen sie auf Konsolen vor einfachen Wandvorlagen. Die reicher gestalteten Vierungspfeiler mit vierpaßartigem Grundriß sind aus jeweils vier Rundpfeilern gebündelt, auf denen die abgefasten spitzbogigen Gurt- und Scheidbögen ruhen. Vier Dienste in den Zwickeln nehmen die Kreuzrippen auf. Alle Rund- und Bündelpfeiler haben Basen und vergoldete Blattkapitelle.

Zur großartigen Raumwirkung tragen nicht zuletzt die prachtvollen, gemalten Glasfenster in Chor und Querhaus bei, die 1905 von Heinrich Oidtmann ausgeführt und vermutlich alle von Reuter & Reichhart in Köln im Stil der Zeit um 1500 entworfen worden sind (nur das Zinsgroschenfenster im linken Querhaus ist signiert).

Erstaunlich ist, daß 1904/05 auch die sonstige Innenausstattung der Kirche – mit Ausnahme einer Orgel und einer Buntverglasung der Seitenschiffenster – bereits so gut wie abgeschlossen werden konnte. Dabei mußten die Baukosten in Höhe von ca. 140 000 Mark sowie die anschließenden Kosten für die Innenausstattung gänzlich aus eigenen Mitteln aufgebracht werden. Möglich war das nur dank einer allgemeinen Spendenfreudigkeit im Ort. 1906 kamen zum bereits vorhandenen Kirchenmobiliar noch der Barbaraaltar (rechtes Querschiff) und der auf Kupferblech gemalte Kreuzweg von Johann Bartscher hinzu, schließlich nach der Seligsprechung Christinas von Stommeln (1908) der Christinaaltar im linken Querschiff. Im November 1913 erklang zum ersten Mal die von Ernst Seifert in Köln geschaffene neue zweimanualige, pneumatische Orgel mit Kegelladen und elektrischer Traktur. Mit der Errichtung der Orgel wurde die Kirche gleichzeitig elektrifiziert. Wenig später (1914) wurden die Petroleumlampen auf den Kandelabern zur Beleuchtung der Kirche durch elektrische ersetzt.

Halten wir inne und betrachten wir das Kircheninnere, wie es sich bereits 1905/06 dem Kirchenbesucher darbot. Die Tatsache, daß die Planung und Ausführung des Mauerwerks und der Innenausstattung zeitgleich nebeneinander hergingen, macht deutlich, daß hier nach einem einheitlichen Plan vorgegangen wurde. Raum und Ausstattung wurden als Gesamtkunstwerk begriffen.

Wichtigste Bezugsgröße dabei war der betrachtende Kirchenbesucher, der diese Einheit wahrnehmen und sich von ihr beeindrucken lassen sollte – ein „moderner", den restaurativen Tendenzen der Neogotik zuwiderlaufender anthropozentrischer Denkansatz. Der mittelalterliche Künstler schuf seine Werke zum Lobpreis Gottes, *ad maiorem Dei gloriam*. Dessen Auge sah auch das kleinste Detail, und deshalb legte der Künstler Wert auf eine sorgfältige Ausführung auch von Einzelheiten, die dem menschlichen Auge verborgen bleiben mußten. Um 1900 hatte sich die Denkrichtung geändert. Nicht nur dem Auge Gottes, sondern auch dem des Menschen sollte nun alles offenbar sein. Die allgemeine fraglose Glaubensgewißheit war verlorengegangen, die in ihrem Glauben unsicher gewordenen Menschen mußten für den Glauben gewonnen werden, und diesem missionarischen Auftrag dient auch der Kirchenbau. Paradoxerweise hatte das zugleich eine säkularisierende, den Menschen mehr in den Vordergrund rückende Tendenz zur Folge. Die um 1900 noch vom Antimodernismuseid der Geistlichen geprägte katholische Kirche wollte im Kirchenbau durch die Förderung der Neogotik dem säkularen Zeitgeist entgegenwirken, paradoxerweise aber zollte sie diesem ungewollt doch Tribut.

Nicht vom einzelnen Ausstattungsstück, sondern von der Gesamtheit des Raumeindrucks, der sich aus dem Zusammenspiel von Architektur und Ausstattung ergibt, sollte die angestrebte Wirkung auf den Kirchenbesucher ausgehen. Die Altäre sind für die Sicht aus der Ferne konzipiert, in ihren Dimensionen sind sie so bemessen, daß ihre Größe zugleich der des Raumes adäquat ist und sie mit Mauer- und Fensterzone hinter ihnen in einen ästhetischen und inhaltlichen Dialog treten und als Einheit empfunden werden; sie sind nicht austauschbare, akzidentielle Einrichtungsgegenstände, sondern notwendige Teile eines Gesamtkunstwerkes. Architektur, Glasmalerei und Ausstattung entspringen einem einheitlichen künstlerischen und theologischen Willen.

Klein kommt der Besucher sich in der Stommelner Pfarrkirche vor, und das sollte auch so sein. „Hier liegt vor deiner Majestät im Staub die Christenschar, das Herz zu dir, o Gott, erhöht, die Augen zum Altar": so hieß es in einem von der Gemeinde damals oft und mit viel Inbrunst gesungenen Kirchenlied. Nicht nur in den Kirchenschiffen, sondern auch in den Querschiffarmen waren entsprechend die (Kinder)-Bänke nach vorne ausgerichtet. Auch die strenge Symmetrie, die die Kirche in der architektonischen Gesamtkonzeption wie in Ausstattung bis ins Detail beherrscht, fügt sich dieser Konzeption einer eindeutigen Ausrichtung ein. Dahinter steht mehr die Vorstellung von Gefolgschaft als von Gemeinschaft. Letztlich drücken sich darin zentrale religiöse und theologische Vorstellungen der Zeit aus, vor allem findet hier auch die besondere Form der Verehrung des Altarssakramentes in der damaligen Zeit ihren Ausdruck, die mehr das „vor und über uns" als das „in und unter uns" betonte; man denke etwa an das von Weihrauchdüften begleitete feierliche Zeremoniell der Aussetzung des Allerheiligsten in der Monstranz mit anschließendem sakramentalem Segen am Ende einer jeden sonn-

◄ 47 Innenaufnahme 1939

täglichen Andacht oder als Höhepunkt bei besonderen Anlässen im Kirchenjahr. Hieraus erklärt sich auch, daß dem Tabernakel, wie es das nachtridentinische Rituale Romanum von 1614 vorschreibt, „als der Wohnung des Allerhöchsten" auf der Mitte des Hauptaltares der zentrale Platz in der Kirche eingeräumt wurde, auf den das Auge aller gerichtet war – während in mittelalterlichen Kirchen die Eucharistie in einem Sakramentshäuschen (an der Chorwand oder einem Chorpfeiler) oder in einer Sakramentsnische in der Chorwand (wie in der alten Martinuskirche in Stommeln) aufbewahrt wurde. Letztlich findet die fünffache, zum Hauptaltar hin sich steigernde Pracht der Altäre in diesem Tabernakel bzw. in dem darüber befindlichen Expositionsthron für die hier ausgestellte Monstranz mit der Hostie ihren Mittelpunkt.

Auch die Chorfenster aus der Werkstatt von Heinrich Oidtmann fügen sich diesem Konzept ein. Das reiche Fialenwerk des Hauptaltares steigt in die Fensterzone auf und schafft dadurch bereits räumlich eine gegenseitige Verbindung. Zugleich werden die Formelemente der Fialen und Türmchen des Hauptaltares in den oberen Zonen der Glasfenstern wieder aufgegriffen in der gemalten Glasarchitektur des Himmlischen Jerusalem. Himmel und Erde sind optisch und ideell miteinander verbunden, und die Christusfigur in dem am weitesten hochragenden, turmförmigen zentralen Figurentabernakel ist zwischen beiden das Bindeglied; wenn man will, kann man darin eine künstlerische Inszenierung der Lehre von der Inkarnation, der Menschwerdung Gottes, sehen.

Auf den drei Chorfenstern sind die Geburt, Kreuzigung (Mitte) und Himmelfahrt Christi nach seiner Auferstehung dargestellt. Die Fenster thematisieren damit zentrale Stationen des Erlösungswerkes Christi. Dabei sind die Personen (im Gegensatz zur Kleingliedrigkeit mittelalterlicher Fenster) so großformatig abgebildet, daß sie vom Kirchenbesucher aus der Distanz des Kirchenschiffes erkannt und als künstlerische und inhaltliche Einheit mit dem Altar wahrgenommen werden können.

In den quadratischen, zum Chor hin offenen Nebenchören der Seitenschiffe steht links der Marien- und rechts der Josefaltar. Die auf ihnen lebensgroß dargestellten Heiligen stehen dem Leben Jesu am nächsten. Die beiden Fenster über dem Marien- und Josefaltar beziehen sich unmittelbar auf deren Heilswirken.

Die genannten Nebenaltäre stehen auf gleicher Höhe wie der gegenüber den Schiffen um drei Stufen erhöhte Chorraum, wobei letzterer ursprünglich zusätzlich durch die Kommunionbank vom Laienraum getrennt wurde, war er doch nach damaligem Verständnis den Priestern und ihren (männlichen) Meßdienern vorbehalten. Der Abstand zwischen der Welt der Laien und dem Sakralraum des Allerheiligsten, den im Gottesdienst nur der Priester und seine Meßdiener betraten, wurde auf diese Weise besonders betont.

Die beiden äußeren Seitenaltäre der hl. Barbara (rechts) und der sel. Christina (links im Querhaus) stehen auf der Ebene der Laien. Die dargestellten volkstümlichen Heiligen sind den Menschen näher. Die thematische Staffelung der fünf Altäre vom Rande zur Mitte hin erweist sich als Weg vom Menschlichen zum Göttlichen. Künstlerisch zeigt sich dies auch in der zum Hauptaltar hin sich steigernden Größe und Prachtentfaltung.

Die abgestufte Farbigkeit des ursprünglichen, leider nicht erhaltenen Fußbodens verstärkte diese Hinführung des Blicks auf den Hauptaltar. Die Gänge in den Kirchenschiffen waren in diagonalen Mustern mit gelben und braunen Wasserbilliger Platten (Luxemburg) belegt, während der Chor ein reiches farbiges Muster aufwies.

◄ 48 Innenansicht

Zwei große Glasfenster an den Stirnseiten der Querschiffe thematisieren die Zinsgroschenepisode (links) und die Bekehrung des Saulus zum Paulus auf dem Weg nach Damaskus. Es sind homiletisch zu verstehende Themen: Jesus lehrt die Pharisäer den rechten Lebenswandel (Zinsgroschenfenster), und der Christenverfolger Saulus, getroffen von der Erscheinung des ihm sich offenbarenden Christus, öffnet sich dessen Botschaft. Unter ihnen ist der Platz der Beichtstühle, die zur Umkehr im Bußsakrament einladen. Zwischen ihnen und den Fenstern über ihnen besteht insofern ein thematischer Zusammenhang.

In die religiöse Gesamtthematik fügen sich auch die 1905 gemalten 14 Kreuzwegstationen von Johann Bartscher ein, die mit zur Erstausstattung der Kirche gehören. Es sind Andachtsbilder, die zur meditativen Nachfolge Christi einladen. Damit sind sie wie die Kanzel am ersten (ursprünglich linken, heute rechten) Vierungspfeiler Elemente der christlichen Verkündigung. In ihrer Größe sind sie den Wandflächen unter den Seitenschiffenstern und zwischen den Wandvorlagen, auf denen die Gewölberippen aufliegen, proportional angepaßt. Auch sie bilden mit der umgebenden Architektur eine konzeptionelle künstlerische Einheit.

Die Überlegungen machen deutlich: Alle Ausstattungsstücke – Altäre, Fenster, Chorstühle, ehemalige Kommunionbank, Kanzel, Kreuzwegstationen, Kirchenbänke – weisen die einheitliche Formensprache der Neogotik auf und fügen sich zusammen zu einem in sich geschlossenen Gesamtkonzept.

Weitere Ausgestaltung

Als Glocke diente 1905 zunächst nur die 1673 von Johannes Bourlet gegossene Marienglocke, die aus dem Turm der alten in den der neuen Pfarrkirche umgehängt wurde. 1907 kam eine Matthiasglocke hinzu, die aber bereits 1917 wieder zu Kriegszwecken eingeschmolzen wurde. Das ebenfalls aus der alten Kirche übernommene Taufbecken aus dem Jahre 1864 wurde im Mittelgang unter der Orgelempore aufgestellt.

Als Pfarrer Klausmann am 6. Februar 1922 im Alter von 82 Jahren starb, wurde er, seinem Wunsch entsprechend, an der Seite des Grabmals der sel. Christina an der Alten Kirche auf dem Friedhof beigesetzt. Die Zivilgemeinde ehrte sein Andenken durch die Umbenennung der Brandsgasse an der Pfarrkirche nach seinem Namen.

Unter Pfarrer Josef Becker (1930–1958) erhielt die Kirche 1933 eine Innenausmalung durch den Düsseldorfer Kirchenmaler Bernhard Dortmann mit symbolischen Darstellungen an der Chorwand (seit den 1960er Jahren verdeckt). Ein Jahr später malte Dortmann über den beiden hinteren Seitenschiffausgängen zwei Wandbilder mit überlebensgroßen Ganzfiguren-Darstellungen des hl. Martin und der sel. Christina. Damals wurde auch der Kirchenvorplatz neu gestaltet. 1935 angeschaffte neue Glocken wurden 1942 wieder eingeschmolzen. Nur die historisch wertvolle Marienglocke von 1673 blieb im Turm. 1937 wurde von dem Aachener Bildhauer Lambert Piedboeuf eine aus Holz geschnitzte, polychromierte Figurengruppe der Schmerzhaften Mutter erworben, die in der Turmhalle in eine Gedenkstätte für die Gefallenen der Gemeinde im Ersten Weltkrieg einbezogen wurde. Heute ist dieses beachtenswerte Kunstwerk leider recht lieblos und unvorteilhaft auf dem nördlichen Seitenaltar der Alten Kirche „abgestellt“.

Trotz des beginnenden Zweiten Weltkrieges verfolgte Pfarrer Becker das Ziel, auch die Seitenschiffenster mit einer Kunstverglasung zu versehen. 1940 entschied man sich für einen zwölffenstrigen Zyklus zum Thema des christlichen Heilsjahres, den der Düsseldorfer Glasmaler Albert Diemke entworfen hatte. Mit der Ausführung wurde die Firma Derix in Kevelaer beauftragt. Die Fenster wurden jedoch erst nach dem Kriege (bis 1951) eingebaut.

Die Bombardements des Zweiten Weltkrieges hat die Kirche, abgesehen von den üblichen Dachschäden, ziemlich glimpflich überstanden. Mit Ausnahme des linken Chorfensters (Geburt Jesu), dessen Hauptbild zum großen Teil zerstört wurde und erneuert werden mußte, blieben sogar die neugotischen Glasfenster weitgehend unversehrt.

1953 konnten wieder drei Glocken angeschafft werden, die die einzige im Turm verbliebene Marienglocke ergänzten.

Deutliche Veränderungen in der Ausgestaltung des Innenraumes brachten die Restaurierungsmaßnahmen zwischen 1965 und 1970 unter Pfarrer Johannes Müller (1958/59–1973). Veranlaßt wurden sie nicht zuletzt durch die Liturgiereform des Zweiten Vatikanischen Konzils (1962–65), dessen Ziel es war, die Kirche den Denkströmungen der Gegenwart zu öffnen und sie nach außen und innen neu zu beleben. Die Stommelner Pfarrkirche war 1904 aus einem ganz anderen Geist heraus geschaffen worden, und daraus ergaben sich Probleme für die praktische Umsetzung der Liturgiereform. Daß es dabei aber doch gelungen ist, nicht bilderstürmerischen Forderungen nachzugeben, sondern das Innere der Kirche insgesamt behutsam und unter möglichster Wahrung des Originalzustandes zu verändern, muß dankbar anerkannt werden. Die Kommunionbank (mit schönen Holzschnitzereien), die nach neuem Verständnis die Gemeinde allzu sehr vom Altar trennte, wurde entfernt; sie wird im Turm gelagert. Die Kanzel verlegte man von der linken auf die rechte Seite, um einen freieren Blick auf den Zelebranten zu gewinnen. Von Aloys Klingen, Düsseldorf, wurde 1971 ein neuer Altartisch für die Zelebration zum Volk hin geschaffen und in dem um ca. 3 m in die Vierung vorgezogenen Chorbereich aufgestellt. Die von der Neogotik bewußt gewollte Distanz zwischen Altar und Gemeinde konnte auf diese Weise deutlich gemildert werden. Wegen des Neubaus einer Heizungsanlage wurde der ganze Fußboden aufgerissen und erhielt den heutigen braunen Plattenbelag in den Kirchenschiffen und im Querhaus bzw. den dunkelgrauen Marmorbelag im Chorbereich, der bis in die Vierung hinein vorgezogen wurde.

1987 schien die Pfarrkirche in ihrem Bestand gefährdet. Ständig sich vergrößernde Rißbildungen in den Wänden und im Gewölbe ließen eine zunehmende Einsturzgefahr befürchten und veranlaßten Pfarrer Ivan Krizanovic O.F.M. (1982/83–1988) am 26. November 1987 zu einer sofortigen Schließung. Bis 1992 wurde sie dann von Grund auf saniert. Der Kirchturm, der sich zunehmend nach Westen neigte, wurde durch eine neue Tiefengründung gesichert (insgesamt 103 Betonsäulen wurden 13 bis 15 m tief ins Erdreich unter dem Turm gegossen); die Gewölbe wurden vollständig abgetragen und neu aufgemauert. In der bisherigen großen Sakristei wurde eine Werktagskapelle eingerichtet; hier hängt heute das von 1683 stammende Gemälde „Anbetung der Hirten“ aus der alten Martinuskirche. Die an die rechte Chorseite angebaute frühere Nebensakristei wurde um einen Arbeitsraum erweitert und erhielt einen neuen Außeneingang; sie dient nun als einzige Sakristei. Unter der alten Orgelempore entstand ein um zwei Stufen erhöhtes Podest für den Chor und den Orgelspieltisch; die damit verbundene Behinderung des Mittelganges vom Hauptportal ins Kircheninnere nahm man in Kauf. Das Orgelwerk wurde von der Firma Siegfried Schulte in Kürten-Bechen völlig umgebaut und erweitert, der Prospekt unter Verwendung alter Teile neu gestaltet.

Am 12. April 1992 (Palmsonntag) konnte die sanierte und restaurierte Pfarrkirche durch Pfarrer Ernst Baak (1988–1994) wiedereröffnet werden. Zwei Wochen später wurden zwei neue Glocken geweiht, die das Geläut von 4 auf 6 Glocken erweiterten. Die Einweihung der neuen, zweimanualigen Orgel mit 30 klingenden Registern verzögerte sich bis zum Oktober 1993.

Unter Walter Schmickler, der 1994 als Pfarrer nach Stommeln kam, wurden alle Altäre und die Kanzel sorgfältig restauriert, ebenso die 14 Stationen des neugotischen Kreuzweges von J. Bartscher sowie eine jahrhundertealte, farbig gefaßte Holzskulptur der hl. Anna (ursprünglich eine Anna Selbdritt), die man aus Sicherheitsgründen nicht in der Alten Kirche belassen hat und die nun auf einer Wandkonsole neben dem Marienaltar steht.

Erwähnung verdient auch noch, daß durch private Spenden die Zahl der Glocken im Jahre 2002 um 2 auf insgesamt 8 komplettiert worden ist und die Kirche damit über ein wahrhaft festliches Geläut verfügt. Ein durch eine kleine Tastatur bedienbares elektrisches Schlagwerk ermöglicht es, nicht nur im alten Stil zu beiern, sondern zahlreiche Melodien auf den Glocken zu spielen. An kirchlichen und auch weltlichen Festtagen erfreut dieses Glockenspiel die Stommelner.

Seit hundert Jahren beherrscht die Stommelner Pfarrkirche mit ihrem hohen Turm die Mitte des Ortes. Bis heute ist die Bereitschaft katholischer Stommelner, für ihre Unterhaltung zu spenden, nicht abgerissen. Auf diese Weise ist es gelungen, ein Bauwerk zu erhalten, das mit seinem Turm schon von weither die Silhouette Stommelns prägt und das im Innern den Besucher durch die ungewöhnliche Weite des Raumes, den Reichtum an Altären, den lückenlosen Kranz wertvoller Glasmalereien beeindruckt. Die weitgehend erhaltene neugotische Innenausstattung läßt die neue Martinuskirche, wie es dem Willen der Erbauer entsprach, als Gesamtkunstwerk erleben.

Ausstattung

Hauptaltar (H 7,50 m; B 3,70m; 1903 von dem Kölner Bildhauer Jägers entworfen, geschnitzt wohl 1904/05 von Josef Kossing, Neuss (1871–1941)

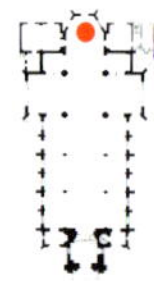

Der Altarblock ist aus hellem Sandstein gefertigt. Die Mensa wird vorne gestützt von einem mit Vierpaßornament versehenen, vorstehenden Mittelblock und seitlichen Doppelsäulen mit Blattkapitellen. Der zurückliegende Träger der Altarplatte ist durch zwei Füllungen mit gotischen Blendarkaden gegliedert.
Der Altaraufsatz, aus Holz geschnitzt und farbig gefaßt, ist vertikal in klare Stufen unterteilt: Auf die predellaartige, als Kerzenbank gestaltete Sockelzone mit dem vorstehenden Tabernakel im Zentrum folgt eine Figurenzone mit dem Expositionsthron in der Mitte; sie wird überdacht durch die aus Wimpergen und Fialen gestaltete Baldachinzone und einen doppelten Firstkamm, der von Fialen und drei steil aufragenden, turmartig gestalteten Figurentabernakeln überragt wird.
Horizontal sind Altar und Retabel streng symmetrisch ausgerichtet. Die zentrale Achse des Sakramentstabernakels, die mit ihrer Spitze weit in das Sichtfeld des Mittelfensters hineinragt, wird im Altarblock bereits durch einen mit Vierpaßornament versehenen Vorbau akzentuiert. Über dem vorstehenden Tabernakel (mit einer Verkündigungsszene auf den Türen) erhebt sich der polygonale Expositionsthron für das Kreuz oder die ausgestellte Hostienmonstranz, flankiert von zwei adorierenden Engeln. Im Thronbaldachin stehen auf vier Säulchen zwischen den Wimpergen kleine Engel. Über ihnen ist eine halbrunde Balustrade, hinter der sich auf einem kleinen Turmsockel das Nest eines Pelikans mit drei Jungen befindet. Mit dem Schnabel reißt er seine Brust auf, um die Jungen mit dem eigenen Blut zu tränken. Diese verbreitete Darstellung, die die archaischen Vorstellungen des mittelalterlichen *Physiologus* abmildert, dient als symbolischer Verweis auf Christi Opfertod und die Eucharistie. In das Gehäuse des bekrönenden Türmchens ist eine Herz-Jesu-Figur (H 100 cm) eingestellt mit Wundmalen an den Händen; die rechte ist segnend erhoben, die linke zeigt auf das Herz auf der Brust.

▶ 49 Herz-Jesu-Statue in der Spitze des Hauptaltares, darunter Pelikan

Die Glasmalerei des Gekreuzigten im mittleren Chorfenster befindet sich genau über dieser Herz-Jesu-Statue und ergänzt noch den dichten Symbolzusammenhang aller Einzelelemente in der zentralen Tabernakelachse des Hauptaltares.
In den Relieftafeln (H 80 cm, B 100 cm) beidseitig des Tabernakels wird die gleiche Thematik aufgegriffen. Rechts sieht man eine Darstellung der wunderbaren Brotvermehrung. Jesus, umringt von Jüngern (darunter kniend auch zwei Frauen), spricht mit geöffneten Armen den Segen über die fünf Brote und zwei Fische, die der vor ihm kniende Junge in zwei Schalen bringt. Das Wunder, daß Jesus mit den zwei Broten die Menge der 5 000 speiste, wurde verstanden als Vorausdeutung auf das eucharistische Abendmahl.
Auf der linken Seite findet sich eine ungewöhnliche, dem Eucharistieverständnis der Zeit geschuldete Darstellung des Abendmahls, das den Charakter eines gemeinsamen Mahles verliert: Jesus sitzt nicht mit seinen Jüngern zu Tisch, sondern reicht dem knienenden Johannes das Brot in Gestalt einer Hostie. Petrus steht in andächtiger Gebetshaltung hinter ihm. Judas ist nicht mehr unter den Jüngern.
An den Außenseiten stehen unter Fialenbaldachinen zwei Heiligenfiguren (H 80 cm). Das Bildnis des Apostels Matthias (rechts), dargestellt mit Buch und Beil (zur Erinnerung an sein Martyrium), belegt die besondere Bedeutung dieses Heiligen im Stommelner Ortsleben: Er galt als zweiter Pfarrpatron, an seinem Festtag (24. 2.) wurde bis in die 1920er Jahre hinein ein großer Markt abgehalten, und die alte Stommelner Schützenbruderschaft trug seinen Namen. Links steht eine Figur des Pfarrpatrons St. Martin, dargestellt als Bischof mit Mitra und Bischofsstab sowie einem Buch in der Hand, auf dem ein Brot liegt.
Insgesamt wird deutlich, daß mit der strengen Symmetrie des Altaraufbaus ein konzentrierter inhaltlicher Verweisungszusammenhang korreliert.

▲ 50 Hauptaltar

▲ 51 Hauptaltar, Figurenzone

Marienaltar (H 6,00 m, B 2,33 m, im linken Nebenchor; Josef Kossing, 1905)

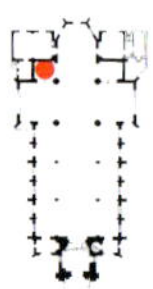

Der Altarblock ist aus hellem Sandstein gefertigt. Die Mensa ruht vorne auf vier schwarzen Marmorsäulchen mit Blattkapitellen. Der zurückliegende Träger der Altarplatte weist drei Füllungen mit gotischen Blendarkaden auf sowie das in ein Vierpaßornament eingebundene Monogramm „SM“ (Sancta Maria) in der Mitte. Der holzgeschnitzte und farbig gefaßte dreiachsige Altaraufbau mit bekrönendem Baldachin aus Wimpergen, Fialen und Türmchen zeigt in der Mitte eine fast lebensgroße Statue der gekrönten Himmelskönigin mit Kind (H 1,45 m). Beide wenden sich dem Betrachter mit dem sprechenden Gestus ihrer Hände zu. Die Tabernakelattrappe unter der Madonna enthält eine Darstellung der Verkündigung. Die vier einrahmenden Reliefs zeigen im Urzeigersinn: 1. den Besuch der schwangeren Maria bei ihrer Cousine Elisabeth („Heimsuchung“); 2. die Geburt Christi; 3. die „Darbringung im Tempel“ in Jerusalem (vgl. 2 Mos 13; Luk 2,22-38). Josef opfert zwei Täubchen, der greise Simeon erkennt in dem Kind in seinen Armen den Messias, und die Prophetin Hannah fällt anbetend auf die Knie; 4. den ersten Auftritt des zwölfjährigen Jesus

► 52 Marienaltar, Gesamtansicht und Marienstatue (r.)

▲ 54 Verkündigungsszene aus dem Marienaltar

◄ 53 Marienstatue aus dem Marienaltar

◄ ◄ 55 1. Relieftafel aus dem Marienaltar: Geburt Jesus

◄ 56 2. Relieftafel aus dem Marienaltar: Maria besucht ihre Cousine Elisabeth, die vor dem ungeborenen Jesus niederfällt; links der hl. Josef, rechts Zacharias

► 57 3. Relieftafel aus dem Marienaltar: Darbringung Jesu im Tempel

►► 58 4. Relieftafel aus dem Marienaltar: Der zwölfjährige Jesus im Tempel

:► 59 Mutter Anna, um 1500

im Tempel, wo er mit zwei Schriftgelehrten über die rechte Auslegung der Schrift redet, während im Hintergrund Maria und Josef erscheinen, die mit Sorge ihr Kind gesucht haben (vgl. Luk 2, 42-50).
Die drei spitzen gotischen Türmchen auf dem Firstkamm des Altaraufsatzes sind ein verkleinertes Abbild des Hauptaltars und bereiten in der Gesamtinszenierung der Innenausstattung auf diesen vor.

Holzstatue der Mutter Anna (um 1500)

Die anmutige Statue (H 105 cm) steht auf einer Wandkonsole neben dem Marienaltar. Sie stammt aus der Alten Kirche und erhielt nach ihrer Restaurierung Ende der 1990er Jahre ihren jetzigen Platz. Über einem roten Gewand trägt Mutter Anna einen dunkelvioletten, innen blaugrünen Mantel. Die grauweiße Kopfbedeckung umrahmt ein jugendlich anmutiges Frauengesicht; einer Nonnentracht ähnlich, besteht sie aus dem Stirn und Haar verdeckenden Schleier (Weihel) und dem Wimpel, der den Hals bis zum Kinn umkleidet. Die Hände sind nicht original, sondern später ergänzt worden, wobei kurioserweise dem Aufschlag am rechten Ärmel noch ein zweiter hinzugefügt wurde. Vor allem die erhobene linke Hand wirkt unpassend. Ursprünglich handelte es sich um eine Anna Selbdritt. Der überlange linke Unterarm diente als Sitz für Maria mit dem Kind.

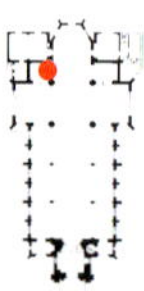

Josefaltar (H 6,30 m, B 2,33 m, im rechten Nebenchor; Josef Kossing, 1905)

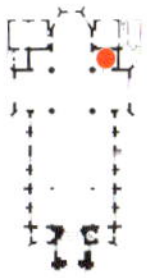

Er ist in seinem Gesamtaufbau das Pendant zum Marienaltar. Der Lilienstab in der linken Hand der zentralen Figur des hl. Josef (H 140 cm) und die demütige Glaubensgeste seiner rechten weisen diesen als reinen und treuen Diener Gottes aus, das Winkelmaß im rechten Arm und das braune Gewand als Arbeitsmann. Die umrahmenden Reliefs zeigen im Uhrzeigersinn: 1. die Verlobung mit Maria vor dem Hohenpriester (Der Stab in Josefs Hand – vgl. Jes 11,1ff. – bestätigt ihn als den erwählten Bräutigam); 2. die Flucht nach Ägypten; 3. Jesus inmitten der Heiligen Familie; 4. den Tod Josefs in Gegenwart von Jesus (links) und Maria, die mit ihrer Linken liebevoll seine Hand und mit der Rechten eine Spindel hält.

◄ 61 1. Relieftafel aus dem Josefaltar: Verlobung Josefs mit Maria

◄ 60 Statue des hl. Josef aus dem Josefaltar

◄ 62 2. Relieftafel aus dem Josefaltar: Flucht nach Ägypten

► 63 3. Relieftafel aus dem Josefaltar: Die Heilige Familie

►► 64 4. Relieftafel aus dem Josefaltar: Tod des hl. Josef

► 65 Barbaraaltar

Barbaraaltar (H 6,00 m, B 2,20 m, Josef Kossing, 1905; rechtes Querhaus)

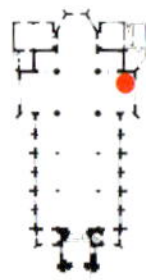

Der aus hellem Sandtsein gefertigte Träger der Altarmensa weist drei Füllungen mit gotischen Blendarkaden auf. Die vorne überkragende Altarplatte wird von Säulen mit Blattkapitellen gestützt.

Der Altaraufsatz ist aus Holz geschnitzt und farbig gefaßt. Über einer Sockelzone mit der Imitation eines Sakramentstabernakels sind in drei turmartige, mit Wimpergen und Fialen bekrönte Figurentabernakel drei Statuen in prächtigen Gewändern mit üppigem Faltenwurf eingestellt: in der Mitte, durch herausragende Größe ausgezeichnet, die hl. Barbara (H 1,45 m) mit Kelch auf einem Buch, Schwert und Turm (links zu ihren Füßen); links die hl. Katharina von Alexandrien (H 1,10 m; mit Palmzweig und Buch als Zeichen ihrer Gelehrsamkeit, seitwärts das zersprungene Rad); rechts die hl. Margarete (H 1,10 m) mit einem Kreuz in der rechten Hand und einem angeketteten teuflischen Drachen zu ihren Füßen. Die drei jungfräulichen Heiligen gehören zu den Vierzehn Nothelfern.

In der Bekrönung stehen über den beiden Assistenzheiligen zwei betende Engel.

◄ 66 Christinaaltar

Christinaaltar (H 6,00 m, B 2,20 m, linkes Querhaus)

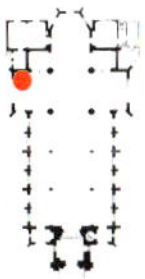

Der Künstler ist unbekannt. Der Altar wurde 1908 anläßlich der Seligsprechung Christinas in diesem Jahr aufgestellt. In seinem Aufbau entspricht er dem Barbaraaltar. Das zentrale Bildnis der seligen Christina in Dominikanerinnentracht wird flankiert von dem hl. Thomas von Aquin (links) – dem scholastischen Philosophen, dem die Taube des Heiligen Geistes ewige Wahrheiten ins Ohr flüstert – und dem hl. Albertus Magnus (rechts), dem großen mittelalterlichen Gelehrten. Die beiden Dominikanermönche erinnern daran, daß der Beginenkonvent in der Stolkgasse in Köln, dem die jugendliche Christina für wenige Jahre angehört hat, von den benachbarten Dominikanern seelsorglich betreut wurde. Auch Christina ist deshalb in Dominikanerinnentracht dargestellt, obwohl sie diesem Orden nie angehört hat. Christinas großer geistlicher Freund, der Dominikanermönch Petrus von Dacien, hat u. a. bei Albertus Magnus in Köln studiert.

Neugotische Kirchenfenster im Chor, vermutlich nach Entwürfen von Reuter & Reichhart ausgeführt von Heinrich Oidtmann (1905)

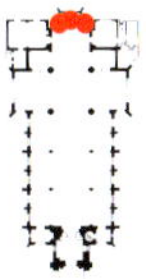

Die drei Chorfenster mit gleichseitigen Spitzbögen werden durch zwei bis zum Bogen durchlaufende Stäbe in drei Bahnen geteilt, die unter der Maßwerkzone kleeblattförmig abgeschlossen werden. Das den Spitzbogen füllende Maßwerk ist einheitlich aus einem Vierpaß über einem liegenden Dreiblatt in der Mittelbahn und zwei seitlichen Dreipässen gebildet.
Vertikal ist die Kunstverglasung in klare Stufen geteilt: eine gemalte Balustradenarchitektur in der Sockelzone, darüber eine in Größe und Farbigkeit dominierende Figurenzone und anschließend eine prächtige gotische Türmchenarchitektur, die durch die leuchtenden Goldtöne sich als Abbild des Himmlischen Jerusalem erweist. Die Figurenzone umgreift die drei Bahnen und faßt sie zu einer bildlichen Einheit zusammen, trägt allerdings durch die Bildkomposition der Dreibahnigkeit und dem darin angelegten Bestreben nach Symmetrie Rechnung.

Das **Achsenfenster im Chor** stellt die Kreuzigung Christi dar. Unter dem Kreuz stehen Maria und Johannes. Die von Wolken verdeckte dunkelrote Sonne über dem Haupt Marias erinnert an den Bericht des Evangelisten Lukas (23,45), daß die Sonne beim Tode Jesu ihren Schein verloren habe. Aus Gründen der Symmetrie, aber auch der ergänzenden Symbolik wird der Sonne (Neues Testament) der Mond als Sinnbild des Alten Testamentes gegenübergestellt. Die Nimben um die Häupter der beiden Assistenzfiguren sind in ihrer Gestaltung den Symbolen von Sonne und Mond angepaßt und dadurch in ihrem Range abgestuft. Zu Füßen des Kreuzes kniet mit offenem Haar die Büßerin Maria Magdalena. Der senkrechte Kreuzesbalken, der unten in felsigen Grund eingerammt ist, steigt bis in den Himmelsturm der Mittelbahn auf – zum Zeichen der von dort den Menschen gekommenen Erlösung. Der Vierpaß in der Bogenspitze zeigt Gott Vater mit ausgebreiteten Händen, aus denen die Taube des Heiligen Geistes auf Christus herabfliegt. Im Mittelfeld der Sockelzone hält ein Engel ein Schriftband mit dem Kreuzeswort: „Consummatum est“ (Es ist vollbracht).

▲ 67 Chorfenster; Entwurf: vermutlich Reuter & Reichhart

Das **Weihnachtsfenster** (links im Chor) erlitt im Zweiten Weltkrieg in der Figurenzone starke Zerstörungen, die durch eine nachempfindende Neugestaltung der Firma Derix in Kevelaer nicht vollwertig ersetzt werden konnten. Die Szenerie im Stall von Bethlehem weist die vertrauten Personen – Maria, Josef, das göttliche Kind und anbetende Hirten – auf, auch Ochs und Esel als Zeugen der glaubenden Gotteserkenntnis (vgl. Jes 1,3); abweichend von der Tradition, liegt Jesus jedoch nicht in der Krippe, sondern sitzt mit segnender Hand auf ihr, und zu den knieenden Hirten gesellt sich ein Mädchen mit goldblondem Haar. Über der Weihnachtsszenerie steht in der Mittelbahn der Stern von Bethlehem, und zwei Engel halten zwischen sich ein Schriftband mit dem Wortbeginn der englischen Weihnachtsbotschaft: „Gloria in excelsis Deo“ (Ehre sei Gott in der Höhe). Im Dreiblatt des Maßwerks erkennt man das Brustbild eines weiteren Engels.
Das **Himmelfahrtsfenster** (rechts im Chor) zeigt den mit ausgebreiteten Händen auffahrenden Christus, der den in Staunen und Anbetung versunkenen Kreis der Jünger verläßt. Das die Bildchoreographie bestimmende Bedürfnis nach Symmetrie nimmt dem Geschehen einen Teil der ihm innewohnenden Bewegtheit. Die Aufwärtsbewegung wird andererseits dadurch erkennbar, daß die Jüngerschar übereinander gestaffelt dargestellt ist. Unten, dem Betrachter am nächsten, stehen Maria und Petrus, letzterer mit zwei Schlüsseln in der Hand. Nach Mt 16,19 war ihm die Vollmacht verliehen, im Auftrag Gottes auf Erden und im Himmel „zu bin den und zu lösen“.

Zwei weitere, kleinere Fenster im zweiten Chorjoch, die man vom Kirchenschiff aus kaum wahrnehmen kann, sind nur ornamental verglast.

Taufbecken

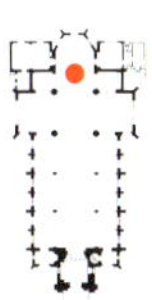

Das Taufbecken stammt aus der alten Martinuskirche und wurde 1905 in die neue Pfarrkirche übernommen. Ursprünglich stand es unter der Orgelbühne, heute in der Mitte des Chores zwischen Hoch- und Zelebrationsaltar.
Das Taufbecken war 1864 von dem damaligen Stommelner Bürgermeister Joseph Hubert Weidt zur Taufe einer Tochter gestiftet worden. Der außen achteckige Taufstein aus schwarzem Marmor mit runder Aushöhlung des Wasserbeckens wird von einer gebündelten Säule auf achteckiger Basis getragen. (Die Zahl 8 gilt als Symbol für Vollkommenheit und deshalb auch für das neue Leben nach der Taufe.) Das Becken wird durch eine Messinghaube mit rundem Querschnitt geschlossen. Sie ist unten durch eine kräftige Hohlkehle profiliert, darüber verjüngt sie sich wie der Hals eines Kelches und verdickt sich wie dieser wieder zu einem nodusartigen Knauf, auf dem als Spitze eine kleine Messingstatuette Johannes' des Täufers steht; er ist barfüßig und nur mit einem Fell bekleidet, in der Linken hält er ein Buch, das Alte Testament, und in der Rechten eine Muschelschale – ein Symbol der göttlichen Gnade, das auf mittelalterliche Vorstellungen über das Entstehen der Perle durch Befruchtung der Muschel durch den Morgentau zurückgeht. Knauf und Haubenschulter weisen Schmuckformen aus stilisierten Schwertlilien auf; deren griech. Name „Iris“ (=Regenbogen) macht sie zum Symbol für die Versöhnung zwischen Gott und den Menschen (vgl. Gen 9,12ff.).

◄ 68 Messinghaube des Taufbeckens

Die Haubenschulter trägt die Widmungsinschrift: *„Aus frommer Dankbarkeit für die glücklich erfolgte Geburt der Adelheid Cath. Hub. Weidt, welche von Sr. Hochw. dem Herrn Pfr. Gerhard Sieben am 6. Juni 1864 zuerst aus diesem Taufsteine getauft wurde, gewidmet von deren Eltern Joseph Hub. Weidt u. Anna Maria Lemper.“*

▼ 69 Chorraum mit Zelebrationsaltar, Chorgestühl und Wandskulpturen

Chorgestühl

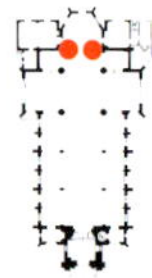

Die beiden dreisitzigen Chorstühle an beiden Chorseiten weisen in ihren gotischen Baldachinen Tiersymbole auf: Pelikan (vgl. Hochaltar) und Hirsch (Nach Ps 42,2 Sinnbild für die menschliche Sehnsucht nach Gott: „Wie ein Hirsch verlangt nach Wasserbächen, so verlangt meine Seele nach dir, o Gott.“) Die Stirnseiten der Kniebänke sind oben als Büsten bärtiger Mönche gestaltet, denen Spruchbänder in die Arme gelegt sind: „Laudate Dominum“ (Lobet den Herrn) bzw. „Benedicite Dominum“ (Preiset den Herrn).

Zelebrationsaltar

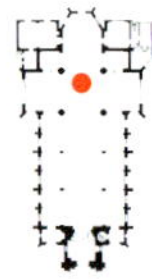

Der aus einem Steinblock gehauene Zelebrationsaltar, der in dem in die Vierung vorgezogenen Chorraum aufgestellt ist, wurde 1971 von Aloys Klingen (Düsseldorf) geschaffen. Er ordnet sich mit gutem Gespür für Proportionen und seinen klaren und gewichtigen, aber edlen Formen in das neugotische Ensemble des Chores ein. Die Altarplatte, die sich pyramidenförmig nach unten verjüngt, ruht auf einem tief eingekerbten Block, auf dessen zur Gemeinde hin gewandte Seite eine steinerne runde Scheibe aus fünf Broten und zwei Fischen aufgesetzt ist; auf der rückwärtigen Seite zeigt eine ähnliche Scheibe zwei Ähren und Trauben: alles vertraute Symbole der Eucharistie.

Steinskulpturen (1905)

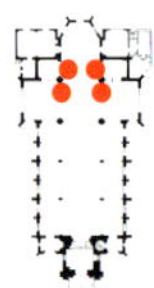

Am Beginn der Chorwände stehen sich in Fensterhöhe zwei monumentale, ungefaßte Heiligenfiguren aus hellem Sandstein gegenüber: die hl. Elisabeth (links) und der hl. Antonius von Padua mit dem Jesuskind (rechts). Zwei weitere Steinskulpturen an den chorseitigen Vierungspfeilern wenden sich der Gemeinde zu; sie stellen den Evangelisten Johannes (links) und den hl. Aloysius (rechts) dar.

Neugotische Fenster in den Querhäusern, entworfen von Reuter & Reichhart, ausgeführt von Heinrich Oidtmann (1905)

Die sechsbahnigen Fenster in den beiden Stirnwänden des Querschiffes sind von großartiger Wirkung. Besonders das nach Südosten ausgerichtete linke Fenster leuchtet fast den ganzen Tag über in roten und goldenen Farben.

Das Maßwerk ist in beiden Fenstern gleich. Die Außenstäbe von jeweils zwei benachbarten Bahnen werden oben zu unterschiedlich hohen Spitzgiebeln zusammengeführt, die mit Maßwerk aus jeweils zwei Dreiblättern und einem Dreipaß gefüllt werden. Zwei weitere Dreipässe füllen die verbleibenden Ecken.

Auch die Kunstverglasung der Maßwerköffnungen – u. a. mit jeweils drei Engelsbüsten in den Dreipässen – ist identisch, ebenso die gemalte Balustradenarchitektur in der Sockelzone. Beide Szenerien sind auch in die gleichen, golden leuchtenden Gehäuse hineingestellt, die mit drei abgestuften Wimpergen und bekrönenden Laternen überdacht sind. Um den Blick in das Innere dieser Gehäuse zu ermöglich, sind beidseitig nur die beiden äußeren Stützen des Baldachins ausgeführt, während die mittleren entweder einfach weggelassen sind oder von den steinernen Streben „geschluckt“ werden.

Die golden leuchtende Pracht der Glasarchitektur ist wohl wie bei den Chorfenstern als Abbild des Himmels zu deuten.

a) Zinsgroschenszene (Signatur unten rechts: „Reuter & Reichhart“)

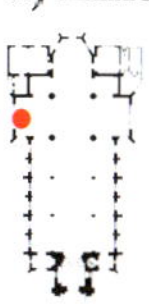

Im linken Querhaus ist die biblische Geschichte vom Zinsgroschen dargestellt, in deren Kern die Fangfrage der Pharisäer und Anhänger des Herodes an Jesus steht, ob es erlaubt sei, dem römischen Kaiser, also der Besatzungsmacht, Steuern zu zahlen (vgl. Mt 22,15-22 und Mk 12,13-17). Ein Standbild des jugendlichen Kaisers Augustus ist am rechten Rand auf einem mit seinem Namen versehenen Sockel abgebildet; seine rechte Hand ist in imperialer Geste erhoben. Die lauernde Haltung des thronenden

► 70 Zinsgroschenfenster im linken Querschiff

Hohenpriesters im Vordergrund links macht deutlich, daß die von ihm gestellte Frage an Jesus diesen in Schwierigkeiten bringen soll. Auf Lanzen gestützte römische Soldaten hinter ihm beobachten die Szene. Durch einen von ihnen – mit römischem Legionärshelm und bezeichnenderweise einem erdbraunen Gewand – läßt Jesus sich einen römischen Denar zeigen. Ein Kreuznimbus und ein golden leuchtendes Gewand zeichnen ihn aus. Nachdem er auf das kaiserliche Bildnis auf dem „Zinsgroschen“ verwiesen hat, verkündet er seine Antwort, die auf dem Schriftbalken unterhalb der Szenerie geschrieben steht: „REDDITE QUAE SUNT CAESARIS CAESARI, QUAE SUNT DEI DEO“ (Gebt dem Kaiser, was des Kaisers, und Gott, was Gottes ist). Seine erhobene Recht weist auf Gottvater, der über ihm auf einem Wolkenband erscheint, und seine Linke zeigt auf das Standbild des Kaisers. Die schräg hinter Jesus stehenden Jünger Johannes (rechts) und Petrus (links), beide durch einen Nimbus ausgezeichnet, folgen aufmerksam den Aussagen ihres Meisters.

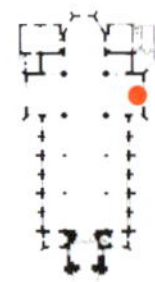

b) Bekehrung des Saulus

Das Fenster über die Bekehrung des Saulus (vgl. Apg 9,1-9) an der rechten Stirnwand des Querschiffes unterscheidet sich nur durch die dargestellte Szene und die Farbgebung von seinem Gegenüber. Neben grünen herrschen braune, der Erde zugewandte Farbtöne im unteren Bildteil vor. „Entbrannt von Wut und Mordgier gegen die Jünger des Herrn“, hatte Saulus sich mit mehreren Männern auf den Weg von Jerusalem nach Damaskus gemacht, um diese zu verhaften; aber dann „umstrahlte ihn plötzlich ein Licht vom Himmel“. Der wie ein Krieger gerüstete Saulus stürzt von seinem Pferd und starrt geblendet nach oben, wo ihm über einem Wolkenband der dornengekrönte Christus erscheint, von dem das Licht ausgeht, so daß die Begleitmannschaft sich erschrocken abwendet oder die Hand hebt, um die Augen zu schützen. Nur der niedergestürzte Saulus öffnet sich ganz mit ausgebreiteten Armen und aufgerissenen Augen dem göttlichen Licht und der an ihn ergehenden Frage: „SAULE, SAULE, QUID ME PERSEQUERIS?“ (Saul, Saul, was

◄ 71 Bekehrung des Saulus; Glasfenster im rechten Querschiff verfolgst du mich?; vgl. den Schriftbalken unter dem Bild.) Es ist der Moment, in dem aus dem Christenverfolger Saulus der Christusjünger Paulus wird.

Neugotische Fenster an den Stirnseiten der beiden Nebenchöre, ausgeführt von Heinrich Oidtmann (1905)

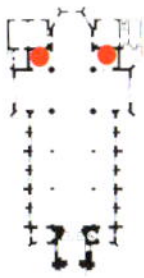

Die kleinen, zweibahnigen Fenster mit einem aus zwei Dreiblättern und einem Dreipaß gebildeten Maßwerk befinden sich über den Nebenaltären der hl. Maria und des hl. Josef und korrespondieren mit diesen in der Thematik der Darstellung. Über den Figuren befinden sich jeweils goldene Wimperge.

Das **Fenster über dem Marienaltar** (linker Nebenchor) enthält eine Darstellung der Verkündigung. „Ave Maria gratia plena" steht auf dem Schriftband des Engels, und aus dem Wimperggiebel über Maria steigt die göttliche Taube hernieder. Sie kreuzt ergebungsvoll die Arme vor der Brust; „Ecce (ancilla) Do(mi)ni" (Siehe, ich bin die Magd des Herrn), heißt es in dem halb verdeckten, aufgeschlagenen Buch rechts von ihr. Zwei Engel in der Sockelzone halten sich ergänzende Schriftbänder mit dem Text: „Ecce virgo concipiet – Isaias VII.11" (Siehe, die Jungfrau wird empfangen).
Der Dreipaß in der Giebelspitze enthält eine Darstellung von Johannes dem Täufer, der auf das Lamm Gottes (als Sinnbild Christi) in einem goldenen Nimbus verweist (vgl. Joh 1,29). Das linke Dreiblatt darunter zeigt den stummen Zacharias. Weil er der Verheißung des Engels, daß ihm trotz des fortgeschrittenen Alters ein Sohn geboren werde, nicht geglaubt hatte, war er mit Stummheit geschlagen (Lk 1,11-22). Deshalb hat er den Namenswunsch „Johannes" für den Neugeborenen auf eine Tafel geschrieben und verweist mit dem Griffel darauf.
Im Dreiblatt rechts daneben ist Elisabeth, seine Frau und die Mutter des Johannes, dargestellt (vgl. Schriftband).

Das **Fenster über dem Josefaltar** (rechter Nebenchor) stellt die Heilige Familie dar. Der Jesusknabe, beschützt von einem Engel, hilft Josef bei der Zimmermannsarbeit. Maria ist mit einem Spinnrocken beschäftigt. Der Korb zu ihren Füßen ist bereits mit mehreren Spindeln gefüllt. Zwei Engel in der Sockelzone halten das Schriftband: „Erat subditus illis – Luk. II,51" (Er war ihnen untertan).

In den seitlichen Außenwänden der beiden Nebenchöre befinden sich zwei weitere, nur ornamental verglaste Fenster.

▲ ◄ 72 Verkündigungsfenster über dem Marienaltar

▲ 73 Fenster der Heiligen Familie über dem Josefaltar

Fenster in den Seitenschiffen, Entwurf Albert Diemke (1940), ausgeführt von H. Derix (bis 1951)
Das Maßwerk in den Spitzbogenfeldern der zweibahnigen Fenster ist, ähnlich wie in Chor und Querhaus, jeweils aus einem Dreipaß und zwei Dreiblättern gebildet, deren wechselnde Verglasungen Sterne, Engel oder das Auge Gottes abbilden.
Die qualitätvollen, nachexpressionistischen Fenster stellen einen zusammenhängenden zwölffachen Glasbilderzyklus dar, wie es ihn in Deutschland wohl kaum noch ein zweites Mal gibt. Er beginnt mit dem hintersten Fenster des rechten Seitenschiffes und endet, gegenläufig zum Uhrzeigersinn, mit dem letzten Fenster im linken Seitenschiff. Thema ist der Ablauf des Kirchenjahres. In jedem Fenster sind zusammenhängende Themenkomplexe in meist zwei, gelegentlich aber auch mehr Bildeinheiten dargestellt, die fast durchweg durch Bibel-, Lied- oder Gebetszitate erläutert sind. Bei der Gruppierung der Figuren orientiert Diemke sich selten an der Zweibahnigkeit, sondern überspielt diese in der Regel durch eine die ganze Fensterbreite einbeziehende Gestaltung. Wenn eine Figur nur eine Bahn ausfüllt, läßt er wenigstens eine Hand in die benachbarte Bahn übergreifen, um einen Zusammenhang herzustellen. Ebenso werden die durch die Querstreben gebildeten vertikalen Fensterebenen ständig überspielt. Das strenge Gesetz der Symmetrie, das die neugotische Architektur und Einrichtung der Stommelner Kirche beherrscht, gilt nicht mehr und weicht einem komplexeren Streben nach bewegtem Ausdruck bei gleichzeitiger Ausgewogenheit der Gesamtgestaltung.
Mit Ausnahme einzelner Details, z. B. in den Gesichtern, verzichtet Diemke auf Glasmalerei, sondern fügt das Gesamtbild aus verschiedenen Gläsern mit unterschiedlichen, ungebrochenen Farben zusammen. Dazu löst er die Flächen und Körper in deutlich erkennbare Segmente von unterschiedlicher Größe und Form auf.
Theologisch durchzieht der Grundgedanke des Königtums Christi den Fensterzyklus. Zum Abschluß des Heiligen Jahres 1925 hatte Pius X. das Christkönigsfest eingesetzt, um damit ein Zeichen zu setzen gegen den Laizismus der Zeit. Das Fest entwickelte sich nicht zuletzt zu einem Bekenntnistag der männlichen Jugend. „Christus, mein König, dir allein / Schwör ich die Liebe lilienrein, / Bis in den Tod die Treue" hieß es im Christ-Königs-Lied. In der Zeit des Nationalsozialismus erhielt der Christkönigstag den Charakter einer religiösen Gegendemonstration gegen den Machtanspruch der totalitären Diktatur. Der 1940 entworfene Fensterzyklus hat insofern auch einen religiös-politischen Zeitbezug. Hierzu paßt auch, daß Diemke immer wieder die Rolle der Kirche als Mittlerin der göttlichen Gnadengaben und Weisheit herausstellt.

1. Fenster (Thema: Advent)

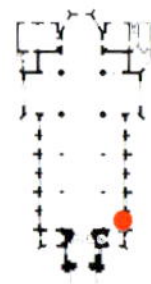

Um den Stammstumpf des weitgehend verdorrten, weil todbringenden Baumes der Erkenntnis aus dem Paradies windet sich die feuerrote Schlange hoch. Gemeint ist die Welt vor der Ankunft des Erlösers, den man mit dem Liedruf „Tauet Himmel" herbeisehnt.
Darüber erscheint in einem großen Bild der Verkündigungsengel der Jungfrau Maria, auf die von oben der Gnadenfluß der göttlichen Taube herunterströmt. In der Bildebene darüber erscheint rechts Johannes der Täufer, der dazu aufruft: „Bereitet den Weg". Mit der rechten Hand ragt er in die linke Bahn hinein. Links erkennt man Christus, das „Lamm Gottes", das in einer Gloriole auf einer Zinne des neuen Tempels (Himmlisches Jerusalem) thront.
Ganz oben ist in einem Regenbogenkranz der unbesetzte, für den noch nicht sichtbaren, aber kommenden Christus bereitgestellte göttliche Thron (griech. Hetoimasia = Bereitschaft, Vorbereitung) abgebildet.

2. Fenster (Thema: Weihnachten)

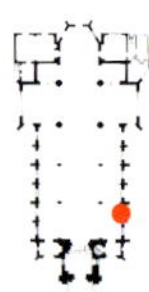

Unten verkündet ein Weihnachtsengel: „Christus ist uns geboren." Darüber liegt in einem farbig geränderten Lichtkreis das Kind in der Krippe; bei ihm sind Maria und Josef. Von dem Kind geht das neue Licht aus, das in die Welt gekommen ist. Die obere Fensterhälfte zeigt in bewegter Gruppierung die Heiligen Drei Könige, die dem Kinde Weihrauch, Myrrhe und Gold bringen. Maria sitzt auf einem Thron und bildet ihrerseits den lebenden Thron für das Kind in ihrem Schoß, das in seiner rechten Hand die Weltkugel hält als Zeichen seiner Herrschaft und in der anderen eine Schriftrolle: das Buch des Lebens, das vom Weltenherrscher am Ende der Tage aufgeschlagen wird. Dargestellt ist nicht weihnachtliche Idyllik, sondern das Erscheinen der Herrlichkeit des Herrn. Die dem Tableau zugeordnete Schrift macht es deutlich: „Königtum ruht in seiner Hand". Auf Maria und das Kind strahlt von oben der Stern von Bethlehem.

3. Fenster (Thema: Jesu erstes öffentliches Auftreten)

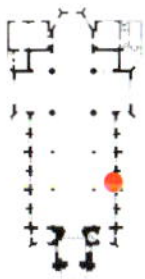

Der unterste Teil zeigt das blaue Wasser des Jordan und darüber dessen glitzernde Wellen. Am erhöhten Ufer steht rechts Johannes der Täufer mit einem Kreuzstab in der linken Hand; mit der rechten gießt er mit einer Schale Wasser auf das Haupt des im Fluß stehenden Jesus (Taufe im Jordan). Von oben dringt durch die Wolken die Hand Gottes auf das Haupt Jesu herab und bezeugt: „Dieser ist mein geliebter Sohn".
Darüber ist Jesu erstes Wunder auf der Hochzeit zu Kana dargestellt. Ein Diener füllt sieben Krüge mit Wasser, die Jesus (rechts) durch seinen Segensspruch in Wein verwandelt; Maria (links), mit einer ähnlichen Handhaltung wie ihr Sohn, hat Teil an dem göttlichen Werk. Sie sitzt deshalb auch in der obersten Fensterzone neben ihrem Sohn auf dem ewigen Himmelsthron; in der rechten Hand hält sie eine Flammenschale, das Sinnbild der Caritas, d.h. der Gottes- und Nächstenliebe. Zugeordnet ist der Text: „Eins in Christus u. seiner Kirche." Maria, die Braut Christi, symbolisiert auf diesem Fenster zugleich die Kirche (ecclesia) und ihre Teilhabe am göttlichen Gnadenwerk.

4. Fenster (Thema: Vierzigtägiges Fasten Jesu)

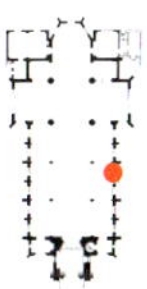

Die untere Fensterhälfte wird von der Darstellung der Versuchung Christi beherrscht. Mit gebieterischer Geste weist er den Versucher zurück: „Weiche von mir, Verfluchter." Ein anbetender Engel kommt, um ihm zu dienen (vgl. Mt 4,10f.). Die unscheinbare Darstellung des Sämanns auf dem unteren Fensterteil erinnert an das Gleichnis vom Sämann (Mt 13,3-9). Die obere Fensterhälfte stellt Christi Verklärung dar (vgl. Mk 9,2ff., Mt 17,1ff.). Oben links erscheinen Elias (mit Brot in der Hand) und Moses mit den Gesetzestafeln. Zugeordnet ist der Text: „Dass ihr heilig seid."

5. Fenster (Thema: Passion Christi)

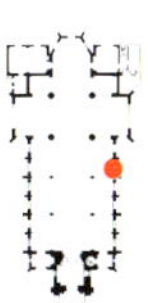

Jesus, auf einem Esel reitend, zieht unten in Jerusalem ein. Mit der rechten Hand segnet er die Menschen, die ihn mit Palmzweigen begrüßen, unter ihnen auch ein Kind. „Hochgelobt sei, der da kommt", lautet die Bildunterschrift. Darüber ist Christus am Kreuz dargestellt, aber nicht als leidender Schmerzensmann, sondern als strahlen-

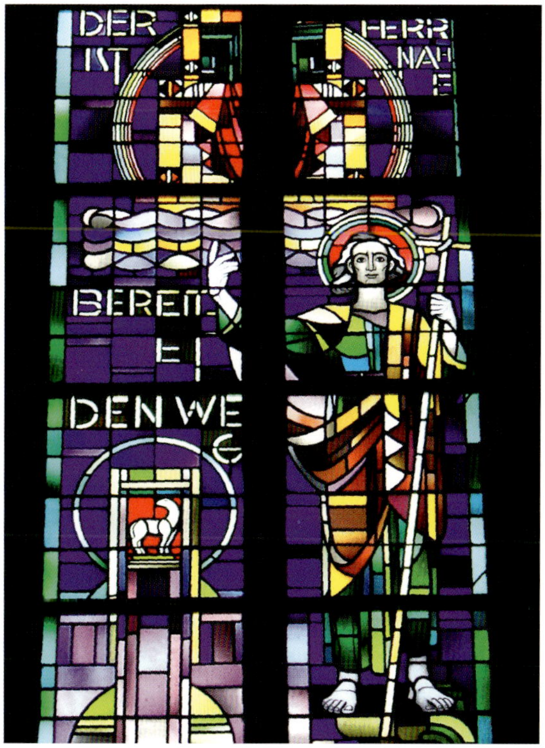

◄ 74 1. Fenster, obere Hälfte

◄ 75 1. Fenster, untere Hälfte

► 76 2. Fenster, obere Hälfte

► 77 2. Fenster, untere Hälfte

der Sieger und König. Die Dornenkrone verwandelt sich in ein Diadem. Die Kreuzbalken leuchten in kräftigem Rot, weil an ihm die Herrlichkeit des Herrn erscheint. Der senkrechte Kreuzbalken steht in einem steinernen Wasserbecken, dem Brunnen des Lebens, aus dessen Seiten vier (drei sichtbare) Arme des Paradiesflusses fließen (vgl. Gen 2,10-14). Christi Sieg am Kreuz über den Tod hat den versiegelten Lebensbrunnen wieder zum Fließen gebracht. Die Ecclesia (Kirche) in Gestalt einer Frau fängt die vom Kreuz ausgehende Gnade der Erlösung, dargestellt als kleine Flamme, in einem Kelch auf. „Ich bin die Auferstehung", lautet der zugeordnete Text. Karfreitag und Ostern werden theologisch als Einheit begriffen.

6. Fenster (Thema: Auferstehung)

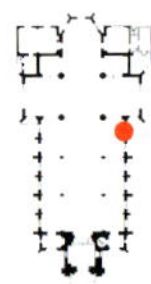

Wie bei Matthias Grünewalds Darstellung des Auferstandenen auf dem Isenheimer Altar beherrscht Christus als strahlende Lichtgestalt die untere Fensterhälfte. In der linken Hand hält er die Siegesfahne mit der Aufschrift „Ich bin auferstanden". Die ausgebreitete durchbohrte rechte Hand gießt das göttliche Licht aus über die nach Erlösung rufende Menschheit, dargestellt in der dunklen Gestalt der büßenden Maria Magdalena, die ihre Arme flehend zu Christus erhebt. Die Schrift unten verkündet den Osterjubel: „Alleluja, Alleluja."
Die obere Fensterhälfte zeigt die Emmausjünger nach der Auferstehung. Mit Jesus sitzen sie beim gemeinsamen Abendmahl, und als er den Segen über das Brot spricht, erkennen sie den Auferstandenen: „Sie erkannten ihn."

7. Fenster (Thema: Glaube an den Auferstandenen)

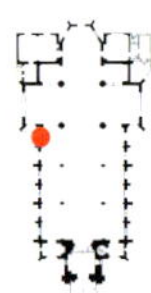

Unten erscheint der auferstandene Christus den Jüngern, zeigt ihnen seine Wundmahle und verkündet ihnen die nahe Ankunft des Heiligen Geistes: „Empfanget den Hl. Geist."
Oben erscheint Christus erneut, und zwar dem ungläubigen Thomas, der jetzt den auferstandenen Herrn erkennt und vor ihm niederfällt. Diesem Glaubensbekenntnis des Thomas sind rechts zwei Kommunionkinder, ein Junge und ein Mädchen mit brennenden Kerzen, zugeordnet, die am Weißen Sonntag vor ihrer ersten hl. Kommunion das Glaubensbekenntnis der Taufe erneuern: „Ich glaube an einen Gott."

◄◄ 78 3. Fenster, obere Hälfte

◄ 80 4. Fenster, obere Hälfte

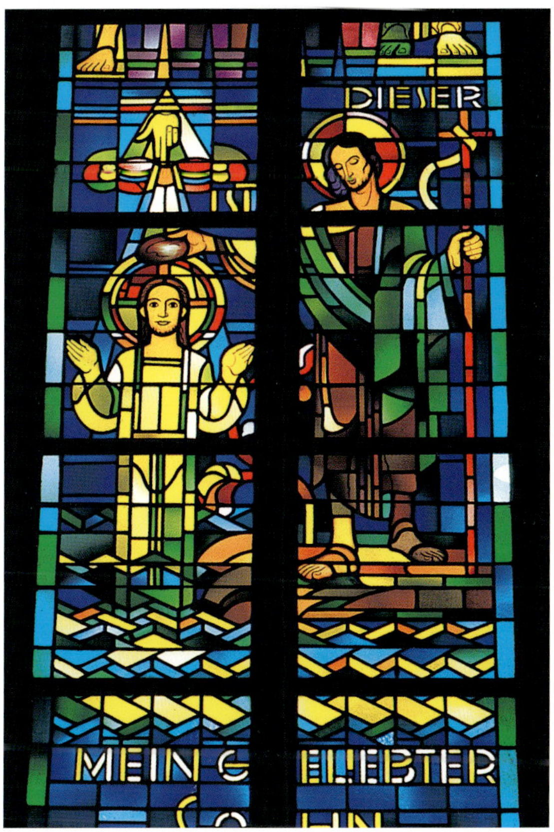

◄ 81 4. Fenster, untere Hälfte

◄◄ 79 3. Fenster, untere Hälfte

▶ 82 5. Fenster, obere Hälfte

▶▶ 83 6. Fenster, obere Hälfte

▶ 84 5. Fenster, untere Hälfte

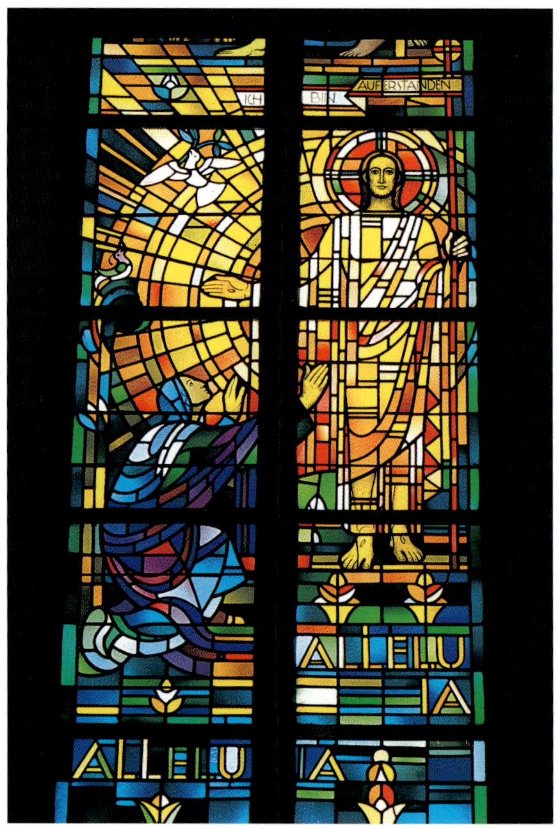

▶▶ 85 6. Fenster, untere Hälfte

In der obersten Ebene des Fensters ist auf einem Altar das mit Nimbus und Kreuzfahne (Siegeszeichen) ausgestattete Lamm Gottes dargestellt. Auf dem Altartisch steht der Kelch der Eucharistie.

8. Fenster (Thema: Beauftragung Petri)

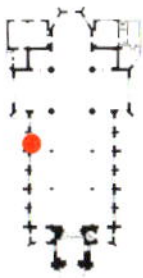

Unten erscheint Christus als guter Hirt, wie er dem knienden Petrus den Himmelsschlüssel überreicht und damit das Hirtenamt überträgt (Mt 16,18f.). Es ist die Geburtsstunde der Kirche Christi, die über beiden sinnbildlich als leuchtender Tempel des Salomon erscheint.
Der Auftrag Christi an Petrus: „Weide meine Lämmer" (Joh 21,17) steht auch in einem direkten Zusammenhang zum oberen Bild vom wunderbaren Fischfang auf dem See Genezareth. Der auferstandene Christus ist mehreren Jüngern, unter ihnen Petrus, erschienen, die die ganze Nacht über vergebens gefischt haben und denen er jetzt zu einem wunderbaren Fischfang verhilft. Bei dieser nachösterlichen Begegnung erteilt Christus dem Petrus seinen Auftrag.

9. Fenster (Thema: Himmelfahrt)

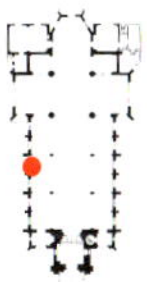

Die Bildmitte beherrscht der in schwungvoller Bewegung zum Himmel auffahrende Christus, von Engeln geleitet und empfangen. Er läßt die Erde nach seinem Erlösungswerk auf dem Berge Golgatha (s. die drei Kreuze auf Fußhöhe des unteren Engels) zurück. Aber die von ihm eingesetzte Mutter Kirche (vgl. 8. Fenster), symbolisiert als Frauengestalt, weidet unten die Lämmer. In der Linken hält sie das Siegeszeichen der Kreuzesfahne, in der Rechten den flammenden Kelch der Gottesliebe (Caritas), den sie zum Himmel erhebt mit dem Ruf: „Erbarme dich unser." Über den Wolken leuchtet oben der neue Tempel im Himmlischen Jerusalem.

10. Fenster (Thema: Pfingsten)

Unten sind am Pfingsttage die Jünger versammelt, unter ihnen auch Maria (vorne rechts), die neben Petrus (mit dem Himmelsschlüssel) sitzt. Aus dem Blau des Himmels über ihnen ergießen sich Feuerzungen des Heiligen Geistes, die sich wie kleine Flämmchen auf sie verteilen. Die Schrift unten verkündet die Pfingstbotschaft: „Der Geist des Herrn erfüllt den Erdkreis."

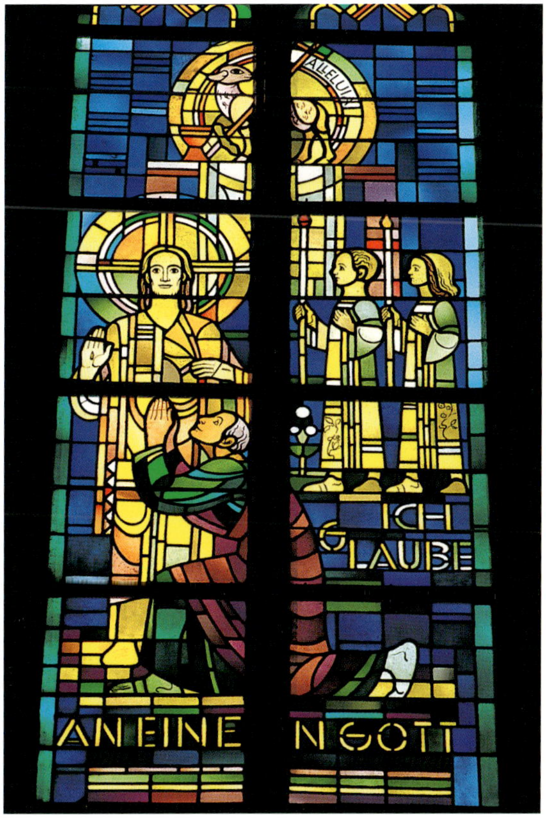

◄ 86 7. Fenster, obere Hälfte

◄ 87 7. Fenster, untere Hälfte

► 88 8. Fenster, obere Hälfte

► ► 89 9. Fenster, obere Hälfte

► 90 8. Fenster, untere Hälfte

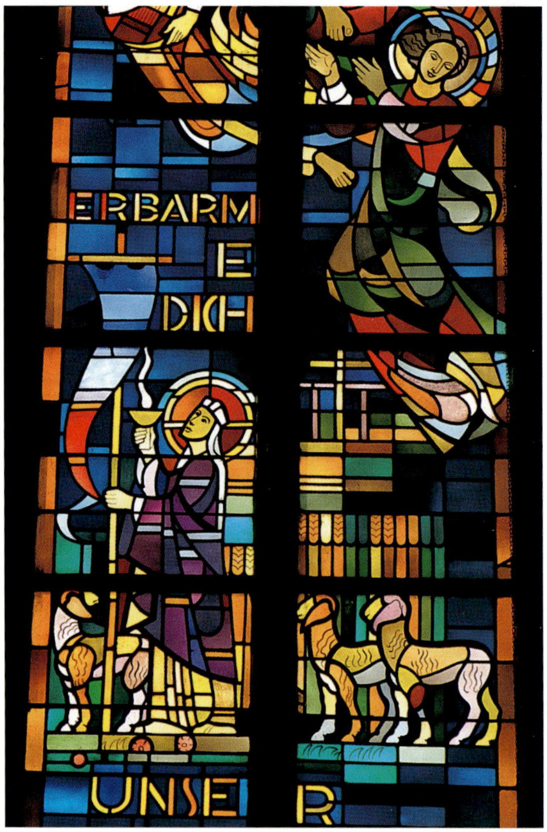

► ► 91 9. Fenster, untere Hälfte

Oben erscheint in einem Nimbus das schlafende Lamm Gottes, das als „ICXC“ (= aus Anfangs- und Endbuchstaben gebildete griech. Abkürzung für Jesus Christus) gekennzeichnet ist. Auf dem Strahlenring des Nimbus erhebt sich das Kreuz der Erlösung, zu dessen Seiten Engel das Lamm anbeten. Der Text macht den eucharistischen Bedeutungszusammenhang klar: „O heiliges Mahl“.

11. Fenster (Thema: Erntedank und Krönung Mariens)

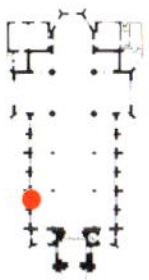

Eine Bäuerin (rechts) bringt kniend eine Garbe und eine Schale mit Obst zum Altar, auf dem bereits weitere Früchte liegen. Über dem Altar erhebt sich ein leuchtendes Kreuz. Ein Priester geleitet links ein älteres Paar zum Kreuzaltar und hält in der Hand für sie das eucharistische Brot. Ein zum Himmel aufsteigender Engel bringt die Schale mit den geopferten Früchten zum Himmel. Dem Ganzen ist der Text zugeordnet: „Wer mit Segnung sät, wird in Segen ernten.“
Über dem Wolkenband ist oben die Krönung Mariens durch Christus dargestellt; er hat sich von seinem Thron erhoben, während Maria, demütig nach vorne gebeugt, sitzt und aus seiner Hand die Krone empfängt. Darüber schwenkt ein Engel das Weihrauchfaß.

12. Fenster (Thema: Jüngster Tag)

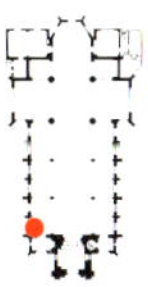

In der unteren Hälfte sind die beiden Fensterbahnen mit getrennten Darstellungen versehen. Links unten sieht man in blau-lila Farben die schmachtenden Seelen im Fegefeuer, aus deren Herzen der Gebetsruf kommt: „Komm, Herr, komme bald.“ Ein Engel über ihnen bringt ihnen vom rot und golden leuchtenden Kreuz herab den Kelch des Heiles, auf dem man, leicht verfremdet, das Christusmonogramm PX erkennt. A und O, Alpha und Omega, der erste und der letzte Buchstabe im griechischen Alphabet, bezeichnen Christus als den, der am Anfang war und am Ende wiederkommen wird. (vgl. Offb 21,6) In der rechten Fensterbahn steigt Christus unten aus dem Grabe auf und verheißt den Verstorbenen das ewige Leben. Über dem Schriftzug „Die Heiligen frohlocken“ sind aus deren großer Schar ausgewählt: der Stommelner Pfarrpatron St. Martinus (vgl. Schriftzug auf der Stola), dargestellt als Bischof mit zwei Broten auf einem Buch in der linken Hand; halb verdeckt hin-

◄ 92 10. Fenster, obere Hälfte

◄ 93 10. Fenster, untere Hälfte

► 94 11. Fenster, obere Hälfte

► ► 95 12. Fenster, obere Hälfte

► 96 11. Fenster, untere Hälfte

► ► 97 12. Fenster, untere Hälfte

ter ihm steht die selige Christina von Stommeln mit einem Kreuz in der Hand; darüber erkennt man die Kölner Heiligen St. Gereon und St. Ursula.
Über dem Wolkenband sitzt oben der am Ende der Zeiten wiederkommende Weltenrichter Christus auf seinem Thron (Parusie). An seiner Seite kniet die mit einem Sternenkranz umstrahlte Himmelskönigin Maria; über ihr zwei Engelsbüsten. „Er wird wiederkommen", lautet der Text.
Das „Stommelner Weltgericht" stimmt hoffnungsfroh; einen Ort ewiger Verdammnis gibt es nicht, sondern auf alle wartet die verheißene Erlösung.

In dem zentralen Fünfpaß des Maßwerkes über dem Hauptportal ist eine Madonna mit Kind dargestellt.

Kanzel (1905, vermutlich von Josef Kossing)
Die Kanzel, ursprünglich auf der linken Seite, steht seit

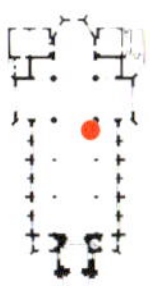

der Kirchenrenovierung Ende der 1960er Jahre auf der rechten Seite, um im Mittelschiff mehr Sichtfreiheit zu gewinnen. Benutzt wird sie nicht mehr.

Sie ist vollständig aus Holz geschnitzt und naturbelassen. Die vier Seiten der Brüstung, gewonnen aus einem zum Pfeiler hin unvollständigen Sechseck, enthalten flache Figurennischen, in die auf Konsolen Holzstatuen der vier Evangelisten mit ihren Symbolen eingestellt sind: Lukas mit dem Stier, Johannes mit dem Adler, Markus mit dem Löwen und Matthäus mit einem Kind (Mensch). Die fast bis zur Kreisform gedrückten Spitzbögen, die die Nischen oben abschließen, liegen in den Ecken auf Säulenbündeln mit Basen und Kapitellchen auf. Treppengeländer und Schalldeckel, unter dem die Taube des Heiligen Geistes schwebt, sind in gotischen Formen gestaltet.

Wandgemälde über den hinteren Seitenausgängen

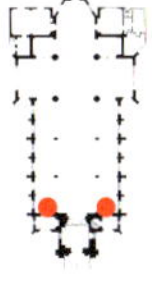

Beide Seccomalereien wurden 1934 von Bernhard Dortmann aus Düsseldorf geschaffen. Im linken Seitenschiff ist die **Stigmatisierung der sel. Christina von Stommeln** (1242–1312) dargestellt. Der Künstler stellt dieses mystische Ereignis vor die Silhouette Stommelns mit der Windmühle und den Türmen der beiden Kirchen.
Rechts ist der Pfarrpatron **St. Martin** als Reiter dargestellt, der seinen Mantel für den knienden Bettler teilt.

▲ 98 Kanzel

► 99 Wandgemälde des hl. Martin über dem rechten hinteren Seitenausgang

►► 100 Wandgemälde der sel. Christina über dem linken hinteren Seitenausgang

Vierzehn Kreuzwegstationen von Johann Bartscher, 1905

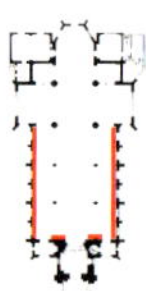

Johann Bartscher, geboren am 14. April 1846 in Oelde, gestorben am 2. Februar 1921 ebendort, hat zahlreiche Kreuzwege gemalt, was auf eine große Werkstatt schließen läßt. In der Komposition nahm er sich die 1864/68 entstandenen Kreuzweg-Gemälde von Louis Hendrix und Franz Vinck (Stationen 5–11) in der Kathedrale zu Antwerpen zum Vorbild. Die Übereinstimmung reicht bis zur Kopie zentraler Motive. Allerdings sind die Antwerpener Urbilder querformatig. Bartscher wählt dagegen ein Hochformat und muß deshalb die Szenerie am Rande beschneiden, die Zahl der dargestellten Personen reduzieren und teilweise auch in der Figurengruppierung Änderungen vornehmen. Stellenweise führt diese Reduktion zur Zerstörung von Motivzusammenhängen. Der jugendliche Laternenträge z. B. in der 5. Station trägt in Antwerpen zugleich einen Korb mit Hammer und Nägeln, die er in der 11. Station für die Häscher bereithält. Er erhält so eine durchgehende Funktion.

Die Stommelner Bilder in stattlichen gotischen Holzrahmen sind auf Kupferblech gemalt und in ihrer Größe den durch Fensteröffnungen und seitliche Wandvorlagen gebildeten Flächen der Seitenschiffwände angepaßt. Entsprechend seinem Antwerpener Vorbild, bringt Bartscher auch die beiden Söhne des Simon von Cyrene ins Bild, von denen Markus 15,21 berichtet: „Und sie zwangen einen Vorbeigehenden, Simon von Cyrene, den Vater des Alexander und des Rufus, der vom Felde kam, sein Kreuz zu tragen."

Der Bildhintergrund zeigt in der Regel unterschiedliche Ansichten der Stadt Jerusalem, auf wenigen Bildern (IX, X, XIII) auch eine weite Landschaft. Jesus am Kreuz (XII) ist vor einem verfinsterten Himmel dargestellt, der nur schwach erhellt ist durch den roten Schein der untergegangenen Sonne.

Auf den kleinen Giebelspitzen der Holzrahmen standen ursprünglich kleine vergoldete Holzkreuze. Ihr Fehlen beeinträchtigt die Gesamtwirkung.

Auf den drei folgenden Seiten werden die Stationen im einzelnen vorgestellt und kurz beschrieben.

▲ 101 I: „Jesus wird zum Tode verurteilt.“ Ein Knecht des Pilatus hält von hinten den an den Händen gefesselten Jesus, ein römischer Soldat erhebt die Faust gegen ihn. Hinten rechts Pilatus, dem seine Frau Wasser über die Hände gießt.

▲ 102 II: „Jesus nimmt das Kreuz auf sich“

▲ 103 III: „Jesus fällt das erste Mal.“ Der römische Soldat versucht von hinten den gefallenen Jesus hochzureißen, ein anderer Mann schlägt mit einem gebündelten Strick auf ihn ein; im Hintergrund zwei Frauen.

▼ 104 IV: „Jesus begegnet seiner Mutter.“ Die Augen von Mutter und Sohn treffen sich. Maria, begleitet von Johannes, faltet die Hände zum ergebenen Gebet; hinter ihr eine weinende Frau aus der Jüngerschar Jesu.

▼ 105 V: „Simon hilft Jesu das Kreuz tragen.“ Der vom Feld kommende Simon von Cyrene muß Jesus helfen, das Kreuz zu tragen; am linken Rand ein Junge mit Laterne (vgl. Jesu Festnahme); im Hintergrund eine Frau mit Säugling auf dem Arm.

▼ 106 VI:„Veronika reicht Jesus das Schweißtuch.“ Sie läßt sich von dem Mann rechts nicht davon abhalten, Jesus das Tuch zu reichen. Simon (rechts) hilft Jesus das Kreuz tragen, am linken Rand der Junge mit Laterne.

▲ 107 VII: „Jesus fällt zum zweiten Mal." Simon (3. v. r.) versucht dem gestürzten Jesus zu helfen, links neben ihm seine beiden Söhne (mit Nimbus). Im Hintergrund weist ein Soldat eine von Mitleid erfaßte Frau zurück.

▲ 108 VIII: „Jesus tröstet die weinenden Frauen." Zwei Frauen, eine mit Kind, sind am Wegrand auf die Knie gefallen; Jesus wendet sich ihnen zu. Rechts oben eine dritte Frau. Simon hilft Jesus das Kreuz tragen.

▲ 109 IX: „Jesus fällt zum dritten Mal." Der Mann mit Hellebarde (r.) tritt Jesus, der langgestreckt am Boden liegt. Simon möchte ihm helfen, aber der Mann mit Spieß hält ihn zurück; Sohn Alexander tröstet den kleineren Rufus. Im Hintergrund drei Frauen.

▼ 110 X: „Jesus wird seiner Kleider beraubt." Die Schergen reißen Jesus die Kleider vom Leib; einer schlägt ihm mit der Faust ins Gesicht. Vorne wendet sich Simon mit Sohn Alexander (mit Nimbus und Spaten) ab und geht.

▼ 111 XI: „Jesus wird ans Kreuz genagelt." Der Kreuzesannagelung schauen rechts oben der Hohepriester und ein Schriftgelehrter zu.
Rechts Essigkrug und Essigschwamm.

▼ 112 XII: „Jesus stirbt am Kreuze." Unter dem Kreuz Maria und Johannes (goldene Nimbusscheibe); kniend die Büßerin Maria Magdalena; hinten links Maria Kleophas; rechts römischer Hauptmann, der Christi Gottessohnschaft bezeugt.

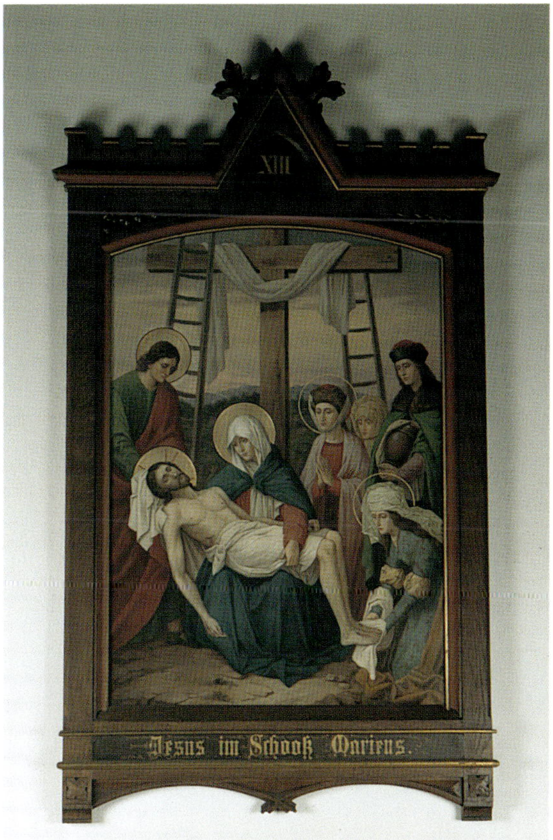

▲ 113 XIII: „Jesus im Schooß Mariens." Vor dem leeren Kreuz mit Leitern hält die sitzende Maria den Leichnam Jesu auf dem Schoß; links hinter ihr der Apostel und Evangelist Johannes; rechts drei weinende Frauen: Maria Magdalena, die Jesu Füße salbt, die betende Maria Salome und (verdeckt) Maria Kleophas. Dahinter der vornehm gekleidete Ratsherr Josef von Arimathäa, der Pilatus um den Leichnam Jesu gebeten hatte. Er hält vor sich ein Gefäß, in dem er der frommen Legende nach das Blut Christi gesammelt hat (Gral).

▲ 114 XIV: „Jesus wird ins Grab gelegt."
Der Pharisäer und vornehme Ratsherr Nikodemus, der in Jesus den von Gott Gesandten erkannt hat, faßt dessen halb aufgerichteten Leichnam unter den Schultern, Joseph von Arimathäa an den Füßen; gemeinsam heben sie ihn in den geöffneten Sarkophag, die kniende Maria Magdalena und der Apostel Johannes halten das Leinentuch offen. Maria ist weniger als leidende Mutter, sondern mehr als Glaubende dargestellt, die den Herrn anbetet. Rechts unten die Signatur: „J. Bartscher 1905".

▲ 115 „Anbetung der Hirten“ in der Werktagskapelle

Bildnis der „Mutter von der Immerwährenden Hilfe“ (S. Maria de perpetuo succursu) im Windfang des linken Seitenschiffeinganges

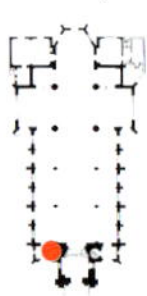

Es wurde 1904 in Rom angeschafft. Ursprünglich gehörte zu dem Bild ein Altaraufbau, der zunächst in der Turmhalle, später im hinteren Bereich des linken Seitenschiffes gestanden hat. Erhalten ist nur der Rahmen mit gotischem Baldachin. Der bis in byzantinische Zeit und der frommen Legende nach sogar auf ein Urbild des hl. Lukas zurückgehende Marienbildtypus der Immerwährenden Hilfe fehlt in kaum einer katholischen Kirche. Zwei Engel zeigen dem Jesusknaben auf dem Schoße seiner Mutter die Leidenswerkzeuge (Kreuz und Lanze bzw. Stab mit Essigschwamm).

Gemälde „Anbetung der Hirten“ von 1683 in der Werktagskapelle

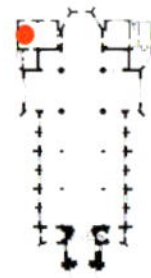

Das Bild (H 173 cm, B 124 cm) entstand 1683 für ein ursprünglich zweiteiliges Retabel (mit einer „Krönung Mariens“ als Oberbild) in der Stiftskirche St. Cäcilien in Köln. 1715 wurde es von der Kölner Äbtissin in die alte Pfarrkirche in Stommeln als Altaraufbau für den rechten Seitenaltar verschenkt. In späterer Zeit (bis 1887) diente es in der Alten Kirche als Hochaltar (das mittlere Chorfenster war vermauert). Damals hat man das Hauptbild vom oberen Bild getrennt und unter Verlust von Malerei im oberen Bereich sowie unter partieller Zerstörung der Bildunterschrift in den heutigen, oben gerundeten Rahmen gebracht und neben dem Altar im Südschiff der Alten Kirche aufgehängt. 1923 wurde die grob herausgeschnittene Leinwand des Bildes gestohlen, konnte aber in Holland wieder sichergestellt werden. Bei der Restaurierung des Gemäldes 1997 wurde der Rahmen in der Vertikalen um ca. 10 cm verlängert, um den Verlust an bemalter Leinwand möglichst gering zu halten.
Maria hebt das Tuch von dem in der Krippe liegenden Jesuskind, um es den anbetenden Hirten und einer Frau zu zeigen, die auf dem Kopf einen Korb mit Wasserkrug und herunterhängendem Tuch trägt (Hebamme?). Der hl. Josef ist am linken Bildrand in den Hintergrund gerückt. Am nächsten sind dem göttlichen Kinde Ochs und Esel, die traditionellen Sinnbilder der glaubenden Gotteserkenntnis (vgl. Is 1,3). Der im Vordergrund kniende Hirt hat ehrfürchtig Hut und Hirtenstab abgelegt und bringt als Gabe ein Lamm – ähnlich wie das (Leichen-)Tuch auf der Krippe und die herunterhängenden Ähren eine symbolische Vorausdeutung auf den Opfertod Christi.

Links unten das Stifterbildnis der Äbtissin Mechtilde von Weichs (1676–1712), auf die auch die in der letzten Zeile beschädigte Inschrift am unteren Bildrand verweist:

AD CHRISTI HONOREM PATRONORVM HVIVS SACRAE AEDIS MEMORIAM / R(EVEREN)DA ET G(ENE)ROSA DOMINA MARIA ELISABETHA MECHTILDIS / VON WEIX ABB(ATISS)A COLLEG(IATAE) ECCL(ESI)AE S(ANCTAE) CAECILIAE ...
Zu deutsch: „Zu Ehren Christi (und) zum Andenken der Patrone dieses Gotteshauses / die ehrwürdige und hochgeborene Frau Maria Elisabeth Mechtilde / von Weichs, Äbtissin der Stiftskirche St. Cäcilien ...“

Orgel

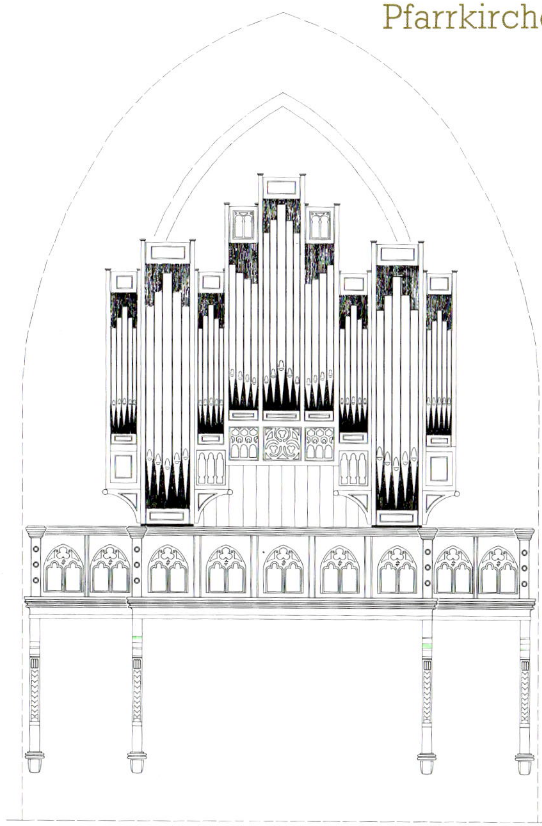

◄ 116 Orgelprospekt-Entwurf von Maria Schwarz

Im November 1913 erklang zum ersten Mal die von der Orgelbauanstalt Ernst Seifert in Köln-Mannsfeld geschaffene zweimanualige pneumatische Orgel mit Kegelladen und elektrischer Traktur. Damaligem Zeitgeschmack entsprechend, dominierten in der ursprünglichen Disposition die Streicherstimmen auf Kosten der Prinzipalregister. Wegen der geringen Anzahl der Aliquotstimmen (1 Terz, 1 Sesquialter und 1 Mixtur) war der Klang dick, undurchsichtig und wenig kontrastreich. Charakteristische Zungenregister für eine Solostimme fehlten, und das Pedal war eindeutig zu schwach ausgelegt. Bei einer Generalrenovierung der Orgel 1953 – der spätere Altenberger Domorganist Paul Wißkirchen († 2003) war damals als junger Student Organist in Stommeln – nahm man Änderungen in der Disposition vor, um den Klang aufzuhellen und zu schärfen. 1970–73 folgten weitere Dispositionsänderungen.

1987 mußte die Orgel wegen der aufwendigen Sanierungsarbeiten an der Kirche ausgebaut und ausgelagert werden. Diese Gelegenheit nutzte man, um weitere Klangverbesserungen zu erreichen. Die Orgelbauwerkstatt Siegfried Schulte aus Kürten-Bechen wurde mit dem Umbau beauftragt. Die Orgel erhielt zusätzliche Register, das Orgelgehäuse wurde aus der Turmkammer herausgeholt und bis zur Brüstung der hölzernen Orgelbühne vorgezogen, und die Bogenöffnung der Turmkammer wurde vermauert. Eine für die Klangentfaltung günstigere Aufstellung des Pfeifenwerks wurde so ermöglicht. Der Spieltisch wurde nach unten verlegt. Das mit den Sanierungsarbeiten beauftragte Kölner Architekturbüro Maria Schwarz entwarf den neuen Orgelprospekt, in den man geschickt schöne Holzschnitzereien aus dem alten Prospekt von 1913 integrierte. Am 3. Oktober 1993 wurde die Orgel eingeweiht.

Neue Orgeldisposition

Hauptwerk (1. Manual)
Prinzipal 8'
Gedackt 8'
Dolce 8'
Oktave 4'
Rohrflöte 4'
Quintflöte 2 2/3'
Superoktave 2'
Terz 1 3/5'
Mixtur 4f. 1 1/3'
Trompete 8'

Pedal
Prinzipalbaß 16'
Subbaß 16'
Oktavbaß 8'
Pommer 8'
Choralbaß 2f. 4'+2'
Posaune 16'
Trompete 8'

Schwellwerk (2. Manual)
Liebl. Gedackt 16'
Flute harmonique 8'
Rohrflöte 8'
Vox coelestis 8'
Praestant 4'
Flauto 4'
Flöte 2'
Sesquialter 1–3fach
Quintlein 1 1/3'
Fourniture 3–4fach 2'
Trompette harmonique 8'
Hautbois 8'
Clairon 4'
Tremulant

Spielhilfen
2 freie Kombinationen
Pedalkombination
Manual- u. Pedalkoppeln
Zungenabsteller
Jalousieschweller

Geläut

Daß die Pfarrkirche heute über ein achtfaches Geläut verfügt, ist der Tatsache zu verdanken, daß der Bauverein St. Martinus bei seinen Bemühungen um das Einsammeln von Spenden bei Glokkenliebhabern auf viel Großherzigkeit stieß. Die Stommelner werden es ihm danken, wenn sie bei festlichen Anlässen das großartige vollständige Geläut hören können. Dank einer mittels kleiner Tastatur bedienbaren „Beieranlage" erklingt an Feiertagen auch ein Glockenspiel vom Turm.

Nr.	Name Aufschrift	Gußjahr Gießer	Durchmesser in mm	Gewicht in kg	Schlagton
1	Martinus Heiliger Martinus, bewahre uns im katholischen Glauben.	1953 Petit&Edelbrock, Gescher	1502	2182	des'
2	Christina Selige Christina, schütze deine Heimat.	1953 Petit&Edelbrock, Gescher	1327	1457	es'
3	Josef Heiliger Josef, stehe uns bei im Sterben.	1953 Petit&Edelbrock, Gescher	1167	1014	f'
4	Maria IHS (= IESVS) M(A)R(I)A I(OSE)P(HV)S + SEMPER HON(OR)ES NOMENQVE TIBI SIT QVAESO MARIA SERVA PASTOREM TVQVE TVERE GREGEM + OMNE MALVM PELLAS DVM CLAMO VIRGO MARIA ORATVM VENIANT PASTOR QVISQVE DEVM SVB D(OMINE) P(ASTORE) IOANNE STAELL ANNO 1673 IOANNES BOVRLET ME FECIT Zu deutsch: Jesus, Maria, Josef. Allzeit sei dir, Maria, so bitte ich, Ehre und Ruhm. Behüte den Hirten und schütze die Herde, jegliches Übel wende ab. Wenn ich rufe, Jungfrau Maria, möge der Hirt (PASTOR) und ein jeder kommen, um zu Gott zu beten. Unter Pastor Johannes Stahl, im Jahre 1673, hat Johannes Bourlet mich gegossen.	1673 Bourlet	1108	850	ges'
5	Petrus Hl. Petrus, fest soll mein Taufbund immer stehen. Stommeln A. D. 1992	1992 Petit&Edelbrock, Gescher	980	600	as'
6	Paulus Hl. Paulus, schenke uns Glauben und Frieden. Stommeln A. D. 1992	1992 Petit&Edelbrock, Gescher	860	400	b'
7	Matthias Hl. Matthias, gehet hin in alle Welt. A. D. 2001	2001 Petit&Edelbrock, Gescher	760	270	c''
8	Jakobus Hl. Jakobus, Friede sei mit euch. A. D. 2001	2001 Petit&Edelbrock, Gescher	710	220	des''

Die Glocken 5, 6, 7 und 8 konnten durch Mittel des Bauvereins St. Martinus Stommeln angeschafft werden, ebenso die zum Geläut gehörende Beieranlage.

◀ 117 Kreuzkirche, auf der Oberkante der Mittelterrasse des Rheins gelegen mit weitem Blick über die Niederterrasse

◀ 117a Eingang zur Kreuzkirche

▼ 117b Blick von Nordosten auf die Kreuzkirche

Kreuzkirche

Die evangelische Kreuzkirche ist kein Kirchengebäude im ausschließlich sakralen Sinne, sondern ein Gemeindesaal, der auch profanen Zwecken dient. Der Zugang erfolgt über die nach dem evangelischen Pfarrer Paul Schneider benannte Straße, der als Mitglied der Bekennenden Kirche im Juli 1939 im KZ Buchenwald mit einer bewußt überdosierten Strophantinspritze ermordet wurde. Die Namensnennung wurde um 1975/76 von Frau Dr. Klausing, Erste Presbyterin der Gemeinde und Brieffreundin der Witwe Schneider, angeregt.

Stommeln war bis zum Zweiten Weltkrieg ein katholisches Dorf, der Anteil der evangelischen Bevölkerung lag 1930 bei 1,3 %. Nach 1945 stieg er durch den Zuzug von Flüchtlingen und Vertriebenen bis zum 1. Januar 1954 auf ca. 15 %, heute liegt er bei etwa 20 %. Zum evangelischen Gemeindebezirk Stommeln zählen heute (2004) 2088 Seelen.

In den Nachkriegsjahren entstanden die ersten gemeindlichen Strukturen in Stommeln. Pfarrer Rudolf Hundt aus Grevenbroich übernahm seit 1946 die seelsorgliche Betreuung, wobei man einen Raum in der früheren Volksschule in der Eschgasse für Gottesdienste, Konfirmandenunterricht oder die Zusammenkünfte der „Frauenhilfe" nutzte.

Nach der Teilung der Kirchengemeinde Grevenbroich im Jahre 1957 wurde Stommeln Teil der neuen Gemeinde Rommerskirchen unter Pfarrer von Girad. Er konnte in den 1960er Jahren ein Grundstück „Auf der Höhe" für ein geplantes Evangelisches Gemeindezentrum erwerben, das durch Landschenkung der Zivilgemeinde für den Bau einer Kirche noch erheblich erweitert wurde. Zu dem geschenkten Grundstück gehörte auch der unter Landschaftsschutz stehende Hang der Mittelterrasse des Rheins bis hinunter zum Bruchrandweg. Als die Kirchengemeinde die Genehmigung erhielt, an diesem Bruchrandweg drei Baugrundstücke zu verkaufen, wurde damit ein wichtiger finanzieller Grundstock geschaffen für die späteren Bauaktivitäten.

Am Himmelfahrtstag 1970 konnte an der Paul-Schneider-Straße ein 100 qm großer Gemeindepavillon eingeweiht werden, in dem zukünftig die Gottesdienste stattfanden und Frauenhilfe, Jugendgruppen und Gemeindekreise sich trafen, behelfsmäßig aber auch ein evangelischer Kindergarten eingerichtet wurde, in dem die Kinder sogar über Mittag mit einem einfachen Essen versorgt wurden. Bis 16.00 Uhr war der Pavillon ein Kindergarten, dann wurde umgeräumt für die Gemeindearbeit am späteren Nachmittag und Abend.

Zum 1. Januar 1973 wurde Stommeln aus der evangelischen Kirchengemeinde Rommerskirchen ausgegliedert und gehörte fortan als neunter Bezirk zur evangelischen Kirchengemeinde Köln-Bickendorf; Sinnersdorf, bis dahin zum Bezirk Pulheim gehörig, wurde diesem neuen Bezirk angeschlossen. 1974 kam Christoph Loh als erster evangelischer Pfarrer nach Stommeln. Während seiner Amtsjahre konnte die räumliche Ausstattung der Gemeinde wesentlich verbessert werden. Die stetige Zuwanderung evangelischer Familien nach Stommeln ließ es als sinnvoll erscheinen, zunächst einen neuen Kindergarten zu bauen. Am 30. Oktober 1976 konnte er an der neuen Paul-Schneider-Straße eingeweiht werden. Räumlichkeiten der ehemaligen Mühle Johann Nelles in der Nettegasse (Ende 2003 abgerissen) wurden 1974 angemietet und mit großem privatem Engagement für die Zwecke der Jugend-, Senioren- und sonstigen Gemeindearbeit umgebaut. Als „Gemeindezentrum Alte Mühle" wurden sie im Mai 1975 eingeweiht. Hier probte auch der 1974 von der damali-

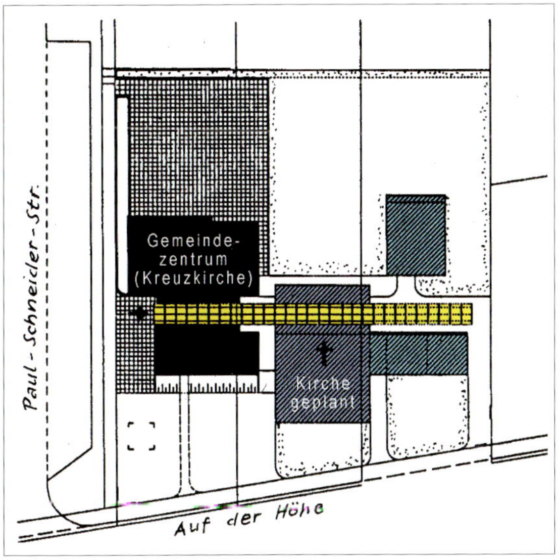

◄ 118 Gesamtplanung des Evangelischen Gemeindezentrums nach den Vorstellungen des Architekten (Kirchengebäude, Pfarrhaus und Mitarbeiterhaus – vgl. blaue Farbgebung – wurden nicht realisiert)

gen Gemeindehelferin Christine Ikier gegründete Kirchenchor.

Wie positiv sich unter Pfarrer Loh die ökumenische Zusammenarbeit mit der katholischen Pfarrgemeinde entwickelte, läßt sich u. a. daran ablesen, daß seit 1976 besondere Gottendienste, z. B. alle Konfirmations- und Weihnachtsgottesdienste, in der katholischen Alten Kirche auf dem Friedhof abgehalten wurden, von 1981 bis 1983 auch die regelmäßigen Sonntagsgottesdienste. Hier fanden auch ökumenische Gottesdienste statt sowie die Konzerte des evangelischen Chores.

Mitte der 1970er Jahre wurde der Architekt K. L. Dietsch († um 1985) mit der konzeptionellen Entwicklung eines vollständigen, an den vorhandenen Kindergarten anschließenden Gemeindezentrums mit Kirche, Gemeinderäumen, Pfarrhaus und Mitarbeiterhaus mit Schwesternstation beauftragt. Er gliederte das Gemeindehaus in zwei Baukörper. Der größere liegt hangabwärts (von der Paul-Schneider-Straße aus gesehen links) und enthält den Gemeindesaal, der durch seine großen Fensterflächen den weiten Blick freigibt über die Niederterrasse des Rheins. Der schmälere, oberhalb gelegene Gebäudeteil enthält die Nebenräume wie Sakristei/Büro, Küche, Garderobe, Toiletten usw. Im Kellergeschoß befinden sich vier Räume für Jugendgruppen, Frauenkreis usw. Der größte dieser Räume wird zugleich als Partyraum für Gemeinde- und private Feste genutzt. In der Adventszeit findet hier auch der alljährliche Basar statt.

Zwischen den beiden Gebäudeteilen liegt eine überglaste Freifläche als ein lichtüberflutetes Foyer, das auch als Versammlungsraum für die verschiedensten Gruppen genutzt werden kann.

Dieser Teil der Planung wurde realisiert und am 27. Februar 1983 eingeweiht. Ein neu angelegter Fußweg vom tiefer gelegenen Bruchrandweg aus (auf gemeindeeigenem Grundstück) schuf eine kürzere Fußweganbindung für die Wohngebiete im Niederterrassenbereich entlang und seitlich der Bruchstraße.

Der 1983 eingeweihte Gemeindesaal, der sowohl sakralen als auch profanen Zwecken dient, trägt seitdem den Namen „Kreuzkirche“. Damals war der Architekt, der in Köln einige Kirchen gebaut hatte, noch so optimistisch, auch den zweiten Bauabschnitt in absehbarer Zeit in Angriff nehmen zu können für die Errichtung eines Kirchengebäudes sowie eines Pfarr- und Mitarbeiterhauses auf dem zur Straße „Auf der Höhe“ liegenden Grundstück und mit Zugang von dort aus; das mit Glas überdachte Foyer sollte nach seinen Vorstellungen verlängert werden und die Funktion einer begehbaren Achse übernehmen, die sämtliche Gebäude – mit der Kirche in der Mitte – verband. Im Stommelner Ortspresbyterium und vor allem im Gesamtpresbyterium der Kirchengemeinde Bikkendorf, zu der der Pfarrbezirk Stommeln damals gehörte, war man sich jedoch schon früh darüber im klaren, daß die finanziellen Mittel für die Realisierung solcher Pläne nicht vorhanden waren.

▲ 119 Foyer der Kreuzkirche

▲ ► 119a Holzkreuz in der Kreuzkirche

Zudem machte man in Stommeln die Erfahrung, daß die neu geschaffenen Räume eine hinreichende Gemeindearbeit ermöglichten. Inzwischen wurde von der Gemeinde an anderer als von Architekt Dietsch vorgesehener Stelle, nämlich an der Oberkante des Mittelterrassenabhangs am Ende der Paul-Schneider-Straße, ein Pfarrhaus errichtet.

Der Blick des Besuchers der Kreuzkirche fällt auf das große, schlichte Eichenkreuz ohne Korpus über dem Abendmahlstisch, beide von dem Stommelner Kunst- und Bauschlosser Bruno Lescheticky aus Eichenholz gefertigt. Für das Kreuz und die Tischplatte konnte er uraltes Eichenholz aus einem spanischen Kastell verwenden. Daß durch den Längsbalken des Kreuzes ein großer senkrechter Riß geht, ist als natürliche Erscheinung dem Alter des Holzes zu zollen, wurde von Pfarrer Loh aber auch als Sinnbild verstanden für ein Kernstück der Theologie vom Kreuz, nämlich dessen Verständnis als Sinnbild des Leids und menschlicher Gebrechlichkeit, durch die auch der Gekreuzigte hindurchgegangen ist, um der Welt eine neue Zukunft zu eröffnen. Auch die Namensgebung des Kirchengebäudes knüpft an die Vorstellung an, daß die Kirche aus dem Kreuz Christi geboren ist und in ihrer Mitte das „Wort vom Kreuz“ steht.

Eine seinerzeit ebenfalls von Bruno Lescheticky geschaffene eichene Kanzel ist heute in einem Gruppenraum im Untergeschoß deponiert. Sie wirkte neben dem schlichten Abendmahlstisch

▲ 120 Kreuzkirche, Innenaufnahme

etwas klobig. Die Gemeinde sucht derzeit nach einer neuen, „leichteren“ Lösung.

Im lichtdurchfluteten Foyer stehen auch zwei Bänke aus der Stommelner katholischen Pfarrkirche, die nach deren Umbau 1991/92 dort nicht mehr aufgestellt werden konnten. Die Kirchengemeinde St. Martinus hat sie deshalb der Kreuzkirchengemeinde geschenkt.

Seit dem Bau der Kreuzkirche hat sich die Organisationsstruktur der Gemeinde weiter verändert. 1982 wurde Sinnersdorf von Stommeln getrennt und bildet seitdem einen eigenen Gemeindebezirk. 1987 schied die evangelische Gemeinde Pulheim, zu der auch Stommeln und Sinnersdorf gehören, aus dem zu groß gewordenen Bereich Köln-Bickendorf aus und bildet seidem eine selbständige evangelische Gemeinde mit vier Pfarrbezirken: zwei in Pulheim sowie jeweils einer in Sinnersdorf (Friedenskirche) und Stommeln (Kreuzkirche). Derzeitiger Pfarrer in Stommeln ist (seit 1999) Volker Meiling.

Gut zwei Jahrzehnte ist inzwischen die Stommelner Kreuzkirche alt. In dieser Zeit hat sich hier ein Gemeindeleben entwickelt, das in den ganzen Ort ausstrahlt.

121 ► St. Bruno in Stommelerbusch, Choransicht

121a ► St. Bruno in Stommelerbusch, Seitenansicht

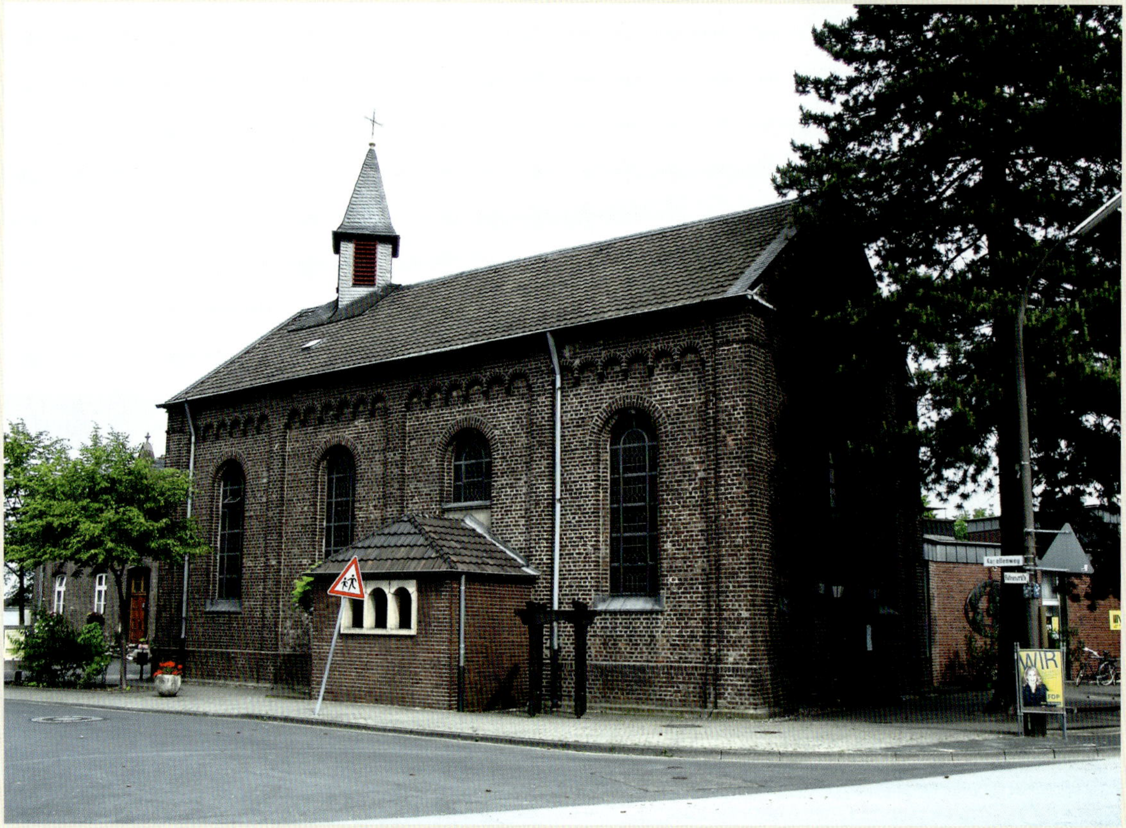

St. Bruno in Stommelerbusch

Die ersten Anstöße zum Bau einer Kapelle gingen 1860 von dem Kölner Oberbürgermeister Hermann Joseph Stupp aus, der 1859 im Rodegebiet des ehemaligen Stommelner Busches den Gertrudenhof erbaut hatte. Ihm zur Seite stellten sich drei weitere Besitzer großer Einzelhöfe in Stommelerbusch: Max Schiefer, Hermann Faßbender und Jakob Ferken. Der seit 1848 im Entstehen begriffene neue Ort Stommelerbusch hatte um 1860 etwa 150 Einwohner – mit stark steigender Tendenz: 1869 waren es bereits 225.

Am 10. Mai 1865 erklärten sich ca. 136 Besitzer von Grundstücken im Stommelner Busch – etwa 20 davon lebten in Stommelerbusch selbst – dazu bereit, für zwölf Jahre auf die ihnen zustehenden Jagdgelder zugunsten eines „Schul- und Kirchenbau(s) im Stommelerbusche“ zu verzich-

▼ 122 St. Bruno, Innenaufnahme

ten. Finanziell entscheidender jedoch war, daß die Witwe Johann Paul Lemper (Mechtildis Sinsteden) vom Kleinen Kreuzhof in Stommeln 3 000 Taler für den Kapellenbau stiftete. Noch im gleichen Jahr erwarben die vier genannten Hofbesitzer ein zwei Morgen großes Grundstück, das sie für den Bau einer Kapelle und eines Schulgebäudes zur Verfügung stellten.

Nach einem Entwurf von August Rincklake (1843–1915) wurde im Juli 1866 mit den Bauarbeiten begonnen, die im Oktober 1867 abgeschlossen werden konnten. In der hinteren Hälfte des Kapellengebäudes wurden eine Wohnung für den Geistlichen sowie ein behelfsmäßiger Schulsaal eingerichtet. Eine Inschrift mit Chronogramm über dem Haupteingang lautet:

oMnIpotentIs honorI
aC sanCtI brVnonIs ConfessorIs
18 LaVDI. 67

Zu deutsch: „Zu Ehren des Allmächtigen und zum Lobe des heiligen Bruno, des Bekenners. 1867"

Am 31. Oktober 1867 wurde die Kapelle durch Pfarrer Sieben aus Stommeln, zu dessen Pfarrbezirk sie gehörte, eingesegnet, und am gleichen Tag trat der erste Schulvikar in Stommelerbusch sein Amt an: Wilhelm Josef Satzfey, geboren am 21. Februar 1843 in Düren; er war erst 24 Jahre alt und verstarb bereits eineinhalb Jahre später. In der Kirche fehlten noch die Altäre; auch zahlreiche andere Gegenstände für die Kirche und für den provisorischen Schulsaal mußten noch beschafft werden. Die Behelfswohnung im hinteren Teil der Kapelle – ein Zimmer war im Parterre, vier weitere auf dem 1. Stock (die beiden Dachstuhlzimmer waren noch nicht gedielt) – war zugig und im Winter kaum beheizbar.

Am 17. Juni 1873 wurde die Stommelerbuscher Kapellengemeinde mit eigenem Budgetrecht und dem Recht, im Kapellenbezirk Kultus(Kirchen)-steuern zu erheben, ausgestattet, sie gehörte aber weiterhin zur Pfarrgemeinde Stommeln. Der Geistliche an der Kapelle trug von nun an den Titel „Rektor". 1940 wurde Stommelerbusch zur Rektoratspfarre unter einem Rektoratspfarrer erhoben. Heute gehört Stommelerbusch – mit Stommeln und Sinnersdorf – zum Seelsorgsbereich „Am Chorbusch".

Bis 1960 war die hintere Hälfte des Raumes als Wohnung des Rektors eingerichtet, nur der vordere Teil, vom Seiteneingang aus zugänglich, diente für den Gottesdienst. Der Erzdiözesankonservator Dr. Schumacher schildert in einem Gutachten 1941 die Situation so:

„Die Kirche ist so feucht, daß im Innern der Farbanstrich, der vor 10 Jahren ausgeführt wurde, an den unteren Wänden fast völlig abgeblättert ist. Im oberen Teil der Wände ist er unansehnlich. Als Sakristei dient ein Verschlag hinter dem Hochaltar, in dem so viel abgestellt ist, daß für den Priester kaum noch Platz bleibt. Zudem ist der Raum zur Zeit sehr dunkel. Die Orgelempore ist so klein, daß kaum Harmonium und Spieler darauf Platz finden. Den größten Teil der Empore nimmt das Studierzimmer des Rektors ein, welches der einzige größere Raum der Wohnung ist. Die wenigen anderen Räume sind sehr klein, insbesondere auch die Küche, so daß die Waschküche [in einem Anbau] hinzugenommen wurde, die wiederum wegen des schlechten Daches nicht zu gebrauchen ist."

Dombaurat Schlombs nannte 1954 die Wohnung des Stommelerbuscher Rektoratspfarrers „die schlechteste in der ganzen Diözese, da sie ganz und gar verwahrlost" sei. Als letzter zog hier 1961 der neuernannte Stommelerbuscher Pfarrer Heinrich Fucks ein, der dann im Dezember des glei-

chen Jahres in das neue, noch nicht ganz fertiggestellte Pfarrhaus hinüberwechseln konnte.

Der heutige Besucher der Kapelle findet im äußeren Mauerwerk im wesentlichen den Bau von 1867 vor: einen neoromanischen vierachsigen Saalbau aus Feldbrandziegeln, außen mit Lisenen und Rundbogenfriesen gegliedert. Der geostete, fünfseitige Chorabschluß ist innen gerundet. Der steinerne Windfang vor dem Eingang an der Nordseite, der zugleich als Kriegergedächtnisstätte dient, entstand 1952/53. Er löste den alten, sehr baufällig gewordenen (vermutlich hölzernen) Windfang ab. Der jetzige über Eck gestellte viereckige Dachreiter mit Pyramidenhelm über dem Chor an der Ostseite, in dem eine Glocke aus dem Jahre 1646 hängt, entstand erst bei einer vollständigen Renovierung des Daches in den Jahren 1951 bis 1954; ursprünglich befand sich über dem Westgiebel ein Glockentürmchen mit Glockenstube und spitzem Pyramidendach.

Das Innere der Kirche mit einer flachen Holzdecke präsentiert sich heute in der Gestalt, die es nach den gründlichen Renovierungs- und Umbaumaßnahmen 1966/67 erhalten hat. Die ehemalige provisorische Rektoratswohnung ist jetzt mit in den Kirchenraum einbezogen. Durch einen abgefasten Rundbogen an der Ostseite blickt man in die Apsis. Im Gemeinderaum ist der Boden mit rotbraunen Keramikplatten begelegt, im Chor mit weißem und grauem Marmor.

Das künstlerisch wertvollste Ausstattungsstück ist der neugotische Hochaltar aus dem Jahre 1869 mit ausgezeichneten, ausdrucksstarken, farbig gefaßten Holzschnitzereien. Er ist ein Werk des Kölner Bildhauers J. Bong. Die Vorderseite des Altarblocks ist dreigeteilt und mit Füllungen versehen. Die beiden Seitenfelder enthalten Blendmaßwerk, das Mittelfeld zeigt in einem Vierpaß das Lamm Gottes mit Kreuzfahne und Kelch, in dem sein Blut aufgefangen wird. Der Altaraufsatz ist vertikal und horizontal dreiteilig gegliedert. In der Mitte befindet sich der vorgezogene Tabernakelaufbau mit einer Verkündigungsszene auf den vergoldeten Türen, darunter die Inschrift: „O bone Jesu, miserere nobis“ (O gütiger Jesus, erbarme dich unser). Farbig gefaßte Holzreliefs beiderseits des Tabernakels zeigen rechts die Geburt Christi, links die Dornenkrönung. Die Rückwand der Exposi-

▲ 123 Altar

► 124, 125, 126 Standfiguren aus der Altarbekrönung: Links: Bruno der Kartäuser (1030/35–1101), Stifter des Kartäuserordens, dargestellt in Ordenstracht, mit Totenschädel in der linken Hand (Vanitassymbol, Sinnbild des asketischen Lebens); der erhobene rechte Zeigefinger mahnt an das Schweigegebot des strengen Büßerordens. –Mitte: der auferstandene Jesus, der seine Wunden zeigt. – Rechts: Erzbischof Bruno von Köln (925–965), zugleich Herzog von Lothringen und während des Italienzuges seines Bruders Kaiser Otto I. von 961 bis 965 dessen Stellvertreter im Reich; als solcher setzte er u. a. Bischöfe in Lothringen ein; vor ihm kniet (vermutlich) Bruder Gerard, den er 963 als Bischof von Toul berief.

▼ 127 Hochaltar, linke Relieftafel: Dornenkrönung und Verspottung Jesu (Mt 27, 27-30; Mk 15, 16-19). Zwei Schergen (in der Bibel sind es römische Soldaten!) haben dem an den Händen gefesselten Jesus einen zerrissenen Purpurmantel umgelegt, auf sein Haupt eine Dornenkrone gedrückt und in seine Hand ein zerbrochenes Rohr (als „Szepter") gelegt. Einer kniet, Jesu „Königtum" verspottend, vor ihm nieder, der andere, mit boshaftem Grinsen im Gesicht, drückt mit einem (nur teilweise erhaltenen) Stab die Dornenkrone tiefer auf sein Haupt. Im Hintergrund die zinnenbewehrten Mauern des römischen Prätoriums in Jerusalem: Symbol staatlicher Macht.

▼ 128 Hochaltar, rechte Relieftafel: Geburt Jesu, der, nach alter Sitte gewickelt, auf der Krippe liegt. Josef (in ungewöhnlich zentraler Rolle) kniet anbetend an der Krippe, Maria an seiner Seite verweist mit geöffneten Händen auf den Gottessohn; weiter hinten Ochs und Esel als Sinnbilder der Gotteserkenntnis (vgl. Is 1,3). Im Hintergrund eine romanische Ruinenarchtektur mit Durchblick auf eine gemalte Gebirgslandschaft.

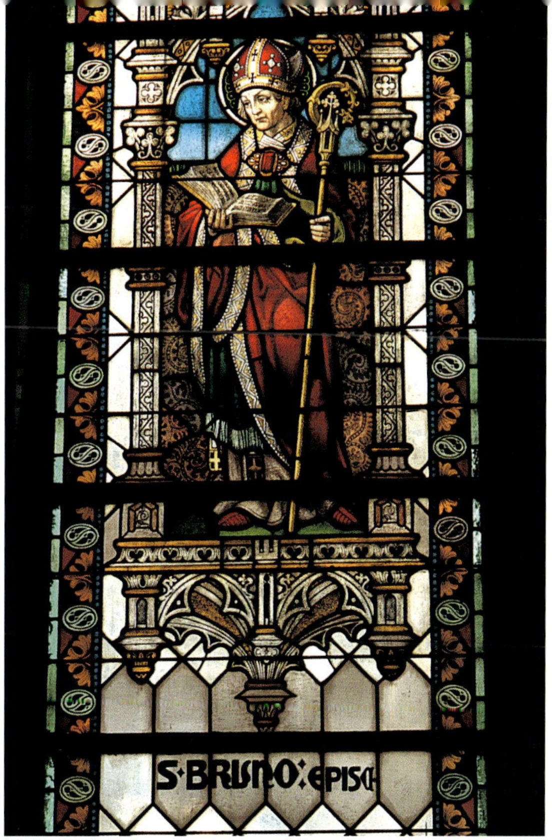

St. Bruno

◄ ◄ 129 Bruno der Kartäuser in grauer Mönchskutte mit Buch

◄ 130 Erzbischof Bruno von Köln im farbenprächtigen Bischofsornat, mit Mitra, Bischofsstab und ebenfalls mit Buch. Während der Kartäuser meditativ für sich in dem Buch liest, „zeigt“ Bischof Bruno dessen Inhalt, was man als Zeichen seiner Lehrfunktion und seiner Bemühungen um die religiose Bildung des Klerus deuten kann.

tionsnische über dem Tabernakel ist mit einer gemalten Lilie (Sinnbild für Christus) geschmückt. In der baldachinartigen, mit Fialen versehenen Bekrönung stehen in der Mitte der auferstandene Christus und zu dessen Seiten zwei Heiligenfiguren: links der Kartäusermönch Bruno, rechts der Kölner Erzbischof Bruno.

Aus Teilen der ehemaligen Kommunionbank wurde der heutige Zelebrationstisch hergestellt. Im vorderen Chorraum steht rechts ein einfaches Taufbecken aus Holz. An Stelle der ursprünglichen Seitenaltäre sind heute zwei industriell gefertigte polychromierte Terrakotta-Figuren an den Wänden aufgehängt: eine Pietà und ein hl. Josef. Die 14 Kreuzwegstationen sind Kunststoffimitate.

Am Seitenausgang hängt ein aus Sandstein gehauenes Weihwasserbecken (ursprünglich farbig gefaßt) aus der Erbauungszeit. Es ist als Halbfigur eines betenden Engels gestaltet.

Schmuckstücke der Kapelle sind die beiden Chorfenster, die nach Entwürfen aus dem Jahre 1912 vermutlich 1913 eingebaut wurden. Dargestellt sind der Kartäusermönch Bruno (links) und der Kölner Erzbischof Bruno I. (rechts). Beide stehen unter einer gemalten gotischen Baldachinarchitektur. Die Witwe Lemper, durch deren Stiftung seinerzeit der Bau der Kapelle ermöglicht worden war, hatte den Wunsch geäußert, die Kirche dem heiligen Bruno zu weihen. Sie hatte dabei an den Kölner Erzbischof Bruno gedacht, der durch seine Schenkung vom Jahre 962 eng mit der Geschichte Stommelns verbunden ist. Weil Bischof Bruno zum damaligen Zeitpunkt aber noch nicht heiliggesprochen war, wurde die Kirche dem Heiligen gleichen Namens, dem Stifter des Kartäuserordens, geweiht. Stillschweigend ging man dabei wohl davon aus, daß die Stifterin der Namensgleichheit wegen ihren Patronatswunsch erfüllt glaubte. Und so zeigen die beiden Kirchenfenster seit ca. 1913 den „offiziellen“ Kirchenpatron und den insgeheim gemeinten.

Christinakapelle

Die aus Feldbrandziegeln auf dem Berlich errichtete Kapelle steht an der Stelle, wo nach alter Überlieferung die selige Christina von Stommeln (1242–1312) die letzten 25 Jahre ihres Lebens zurückgezogen am damaligen Ortsrand gelebt hat. 1854/55 wurde sie von der Familie Lemper vom benachbarten Großen Kreuzhof erbaut. Es handelt sich um eine kleine, einjochige Kapelle mit dreiseitigem Chorschluß. In der Mitte der Frontseite befindet sich das in gotischer Manier spitzbogig gestufte Portal, während der Bogenfries unterhalb des Frontgiebels dem Stil der Hochromanik entlehnt ist.

▼ 131 Christinakapelle

Im Innern verdient insbesondere der holzgeschnitzte zweiteilige Rahmen des Altaraufsatzes mit kraftvollen pausbäckigen Engelsköpfen im Seitengehänge (vermutlich 1. Hälfte 17. Jh.) Beachtung; das (gemalte) Hauptbild ist leider verloren. Das obere Gemälde zeigt die Schmerzhafte Mutter (mater dolorosa), deren Herz sieben Schwerter durchdringen zum Zeichen der Schmerzen, die sie um ihren Sohn erlitten hat.

An der linken Seitenwand hängt eine Gemälde der seligen Christina, das 1843 von dem Kölner Religionslehrer und fleißigen Hobbymaler Dr. Vosen für die Stommelner Pfarrkirche geschaffen, später aber der Familie Lemper für ihre Kapelle überlassen wurde. Christina ist als Begine mit langem Gewand und Mantel sowie weit herunterhängendem Kopftuch dargestellt; gegürtet ist sie mit einem Strick. Das Kreuz in ihrer Rechten weist hin auf ihre tiefe, auch körperliche Erfahrung der Leiden Christi. Der bunte Blumenkranz auf ihrem Haupte und die Lilie in der linken Hand sind Zeichen der Fülle ihrer Tugenden und ihrer jungfräulichen Reinheit.

Dem Bild Christinas gegenüber hängt ein gleichgroßes Gemälde der hl. Elisabeth von Thüringen (1207–1231), das offensichtlich vom gleichen Maler stammt. Elisabeth neigt sich einem knienden Bettler zu, dem sie ein Almosen in die entgegengestreckte Schale legt.

Schön ist eine kleine Statuenkonsole mit einem Miniaturbild des dornengekrönten Christus. Im Fenster hängt ein Glasbild, das vermutlich erst in jüngerer Zeit hier seinen Platz gefunden hat.

Die Kapelle ist bis heute in Privatbesitz.

◄◄ 132 Altar in der Christinakapelle

◄ 133 Gemälde der seligen Christina in der Christinakapelle

◄ 134 Mater dolorosa; oberes Bild des Altaraufsatzes in der Christinakapelle

▶ 135 Marienkapelle

Marienkapelle in der Nettegasse

Die Wegekapelle an der Einmündung des Kattenberges in die Nettegasse, ein achteckiger Backsteinbau mit geschweifter, schiefergedeckter Haube, wurde 1928/29 erbaut. Unter einem hölzernen Vorbau zur Straße hin befindet sich der korbbogige Eingang, der durch ein kräftiges Eisengitter gesichert ist, das von dem Stommelner Schmied Engelbert Schweren gefertigt wurde.

Nach einer Notiz von Pfarrer Paul Mertens vom 12. November 1927 in der Pfarrchronik wurde die Kapelle als Ersatz für ein älteres Heiligenhäuschen errichtet, das 1918/19 durch die damalige britische Besatzung „verschandelt" worden und so „in Verfall geraten" war. Bereits 1922 führte der Katholische Arbeiterverein zur Aufbringung der Kosten eine Haussammlung durch, aber die Inflation 1923 machte das Sammelergebnis zunichte.

1927 griff der damalige Beigeordnete Ludwig Baum (Kattenberg 38) den Plan wieder auf und ließ von dem Architekten Eduard Bolten aus Köln, der damals in Stommeln mit dem von ihm geplanten Erweiterungsbau des Krankenhauses befaßt war, eine Bauskizze entwerfen und als Ansichtskarte drucken, die seit November 1927 zum Kauf angeboten wurde. Baum ließ sich nicht entmutigen, als eine im Februar 1928 durchgeführte Haussammlung nicht einmal 3 000,– RM erbrachte, sondern finanzierte den Bau der Kapelle, die damit ideell und materiell zu erheblichen Teilen sein Werk wurde, weitgehend aus eigenen Mitteln. Wohl als Dank dafür sollte ihm im Jahre 1931 der päpstliche Orden „Pro Ecclesia et Pontifice" verliehen werden, aber er erlag wenige Stunden vorher einem Schlaganfall.

Das Mauerwerk der Kapelle war ursprünglich verputzt, seit der Restaurierung von 1994/95 hat man es steinsichtig gelassen. Als man damals im Innern den vorgefundenen Weißanstrich der Wände entfernte, entdeckte man darunter die ursprüngliche expressionistische Ausmalung mit mineralischen Farben, die ohne Grundierung auf den relativ rauhen Putz aufgebracht worden waren.

Schäden in der Bedachung hatten dazu geführt, daß die Malerei durch eindringendes Regenwasser vor allem im Kuppelbereich teilweise stark in Mitleidenschaft gezogen war. Wegen der Einmaligkeit der originalen Raumfassung befürworete das Rheinische Amt für Denkmalpflege deren Wiederherstellung durch den Restaurator Gassert.

In der Kuppel erkennt man in einem rundum laufenden Wolkenband auf hellockrigem Grund

▲ 136 Eingangsgitter

vier Engel und in der Mitte, im Kuppelscheitel, die Taube des Hl. Geistes, von der – unterhalb der Wolken sichtbar werdende – silberne Strahlen ausgehen, die bis zu den Wandflächen hinunterreichen.

Auf einem schlichten neugotischen Holzaltar steht eine Marienstatue.

▲ 137 Deckengemälde

◄ 138 Marienstatue auf dem Altar in der Marienkapelle

▲ 139 Ehemalige Krankenhauskapelle, Taufkapelle für viele ältere Bürger aus Stommeln und Umgebung. Die Madonnenstatue (links) wurde in die neue Kapelle übernommen.

▼ 140 Ehemaliges Stommelner Krankenhaus. Hinter den vier unteren Fenstern rechts vom Mittelrisalit befindet sich die heutige Kapelle.

▼ ► 140a Maria Himmelskönigin mit Kind. Glasgemälde (Ausschnitt) aus der alten Krankenhauskapelle, jetzt in die Eingangstür der neuen Kapelle eingebaut

Marienkapelle im ehemaligen Krankenhaus

Im 1908 errichteten Krankenhaus „Maria Hilf" an der Ingendorfer Straße gegenüber dem Friedhof war im ersten Obergeschoß eine kleine Kapelle eingerichtet, in der für die stationär behandelten Patienten von der Ortsgeistlichkeit Gottesdienste gefeiert und in der die vielen Neugeborenen getauft wurden. Sie existiert heute nicht mehr. Nach der Schließung des Krankenhauses zogen 1968 Patres der Comunità Pavoniana (Pavoniani Ordensgemeinschaft e. V.) in das von der Erzdiözese Köln restaurierte Gebäude ein, bauten hier das Kolleg „Papa Giovanni XXIII" auf und machten das ehemalige Krankenhausgebäude zu einem Bildungs- und Begegnungszentrum.

Für die Bedürfnisse des von den Patres geleiteten Internats hat man im Erdgeschoß eine neue, deutlich größere Kapelle eingerichtet. Dazu wurden drei ehemalige Krankenzimmer und der zu ihnen führende Teil des Mittelganges zu einem

◄◄ 141 1. Fenster

◄ 142 2. Fenster

Großraum zusammengefaßt. Inzwischen wurde das Internat aufgelöst, die Patres haben im Sommer 2004 Stommeln verlassen, und das Gebäude des ehemaligen Krankenhauses wartet auf eine neue endgültige Bestimmung.

Ausstattung

Bemerkenswert in der schlichten, aber liebevoll eingerichteten Kapelle sind vor allem die insgesamt fünf Glasfenster von Hubert Glaser (geb. 1952 in Leverkusen, heute in Passau lebend). Die Entwürfe (1984) wurden 1985 von der Firma Hein Derix in Kevelaer ausgeführt. Für einen Sakralraum ungewöhnlich sind die einfachen Kunststoffrahmen der Fenster.

Das Fenster an der Westseite (hinter dem Tabernakel) stellt die *rosa mystica* dar, die Rose ohne Dornen, Sinnbild der unbefleckt empfangenen Maria *(Immaculata)*.

Die vier Fenster an der Nordseite zur Straße hin stellen von links nach rechts dar:

1. Vorbilder, Ideale

Kindern mit einem Vortragekreuz folgt eine große Menschenschar, unter ihnen auch Papst Johannes XXIII. (Mittelzone rechts oben) und der Ordensgründer Pater Ludovico Pavoni (Mittelzone Mitte oben); weiter hinten erkennt man auch einen König und einen Bischof. Sie alle eint das Streben, Jesu Vorbild nachzufolgen. Er ist ihnen als das große Ideal innerlich vor Augen. Daß Kinder ganz in den Vordergrund gestellt sind, entspricht der Tatsache, daß die Fenster für eine Internatskapelle entworfen wurden.

2. Säen, ernten, Talente

Thema ist das Gleichnis von den Talenten (Mt 25,14-30), das der Künstler als Gleichnis für den Umgang mit

▲ 143 3. Fenster

▲ ► 144 4. Fenster

dem Leben versteht im Sinne des Jesuwortes: „Wer sein Leben retten will, wird es verlieren; wer aber sein Leben um meintwillen verliert, wird es finden." (Mt 16,25). In der Bildmitte sitzt jener Knecht, der die ihm von seinem Herrn anvertrauten fünf Talente „aussät" und sein Leben hingibt; er kann reiche Traubenfrüchte und die Freuden des farbenfroh über ihm leuchtenden vollen Lebens ernten. Der andere Knecht liegt am unteren Bildrand, um das ihm anvertraute Talent (mit dem Schriftzug „Mt 25") sinn- und fruchtlos unter der Erde zu vergraben. Ängstlich will er sein Geld und Leben bewahren und ist eben deshalb selbst gleichsam mitbegraben und dem Tode nahe.

3. Gemeinschaft

Zwei Menschen, Mann und Frau, wenden sich einander zu durch das gesprochene Wort (rechts der Sprechende, links die Hörende) und das geteilte Brot in ihren Händen. Der Aufbruch zur Mit-teilung ist die Geburtsstunde des Menschseins, dargestellt als das Aufbrechen von (Eier-)Schalen. Über ihnen öffnet sich, der Jakobsleiter vergleichbar, eine rote Himmelsbahn nach oben, wo über einem alles umspannenden Regenbogen, dem Sinnbild des Bundes Gottes mit den Menschen, das göttliche Auge wacht.

4. Leben, weil Gott uns liebt
Ein kranker Mensch, der sich auf seine Krücke stützt, nimmt mit der rechten Hand das stärkende Himmelsbrot in Gestalt einer Hostie zu sich. Über ihm erkennt man das blutige Haupt des dornengekrönten gekreuzigten Christus und dessen Hände, die sich vom Kreuz herab dem Beladenen trostbringend zuwenden. Das reiche Blattwerk, in dem man Ähren- (Brot-) und Traubenmotive als Verweis auf die Eucharistie erkennt, stellt das Kreuz als Baum des Lebens dar, der den unvollkommenen Menschen das Heil bringt; die angelehnte Leiter gehört mit zu den Leidenswerkzeugen Christi.

Zur Ausstattung der Kapelle gehört auch ein mehr als lebensgroßes, verglastes Porträt von Papst Johannes XXIII. (H 2,97 m, B 1,60 m) mit der päpstlichen Tiara, ein Geschenk des italienischen Malers Angelo Capelli (*1930 in Villa d'Almé, Bergamo). Es handelt sich um zusammengeklebte Entwurfzeichnungen für die von Capelli geschaffenen Glasfenster der Kirche des Seminario Missionario del P.I.M.E. (Missionsbrüder des päpstlichen Institutes für Auslandsmissionen) im norditalienischen Sotto il Monte (Bergamo), wo Angelo Giuseppe Roncalli, der spätere Papst Johannes XXIII., 1881 geboren wurde. Der Künstler hat sie für die Stommelner Internatskapelle farbig ausgeführt. Er gilt als der bedeutendste Porträtist des Papstes Johannes XXIII. Unter den linken Arm hat dieser die Beschlüsse des von ihm einberufenen „CONCILIO VATICANO II" geklemmt, die segnend erhobene rechte Hand verweist auf die göttliche Taube des Heiligen Geistes.
Unten rechts ist das Bild signiert: „A. Capelli 1997".

Am Pfeiler rechts neben dem Altar steht eine aus Holz geschnitzte Marienstatute mit Kind; sie stammt ebenso aus der alten Krankenhauskapelle wie das Glasgemälde der Muttergottes in der Eingangstür. In einem Nebenraum verwahrt man das alte Tabernakel.

◄ 145 Papst Johannes XXIII. (1958–63) Gemälde von Angelo Capelli

▶ 146 Prozessionsweg (grün) der Sieben Fußfälle um 1895 (vor dem Bau der Eisenbahn); in Gelb: Böschungen und Trassen der heutigen Bahnlinie (oben) sowie unten der B59n (l.) und L93n (r.)

Sieben Fußfälle

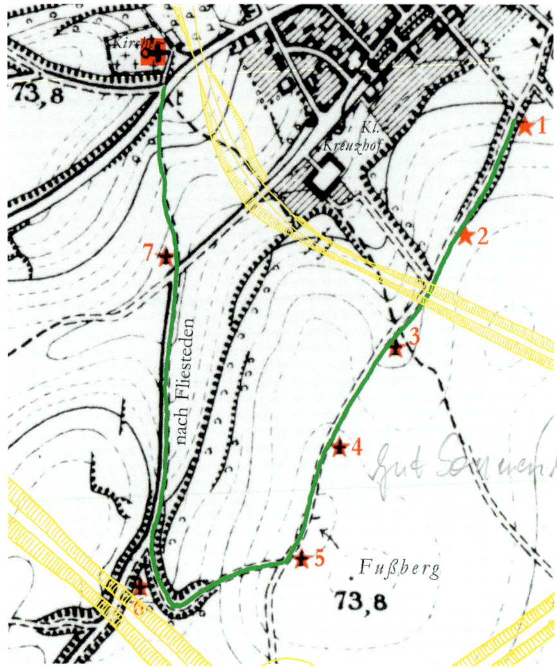

In jeder katholischer Kirche findet man einen Kreuzweg mit bildlichen Darstellungen aus der Leidensgeschichte Christi. Das Kompositum „Kreuz-Weg“ erinnert in seinem zweiten Bestandteil daran, daß solche Bildwerke – vorwiegend aus Stein – ursprünglich einen längeren Prozessionsweg säumten. Der Brauch geht zurück auf mittelalterliche Kreuzfahrer und Pilger, die in Jerusalem den Kreuzweg Christi nachgingen und dabei die an ihm errichteten Gedenkstätten aufsuchten. Der Weg führte in einer Länge von etwa 1100 Schritt vom Praetorium, dem Amtssitz des Pilatus, durch das Stadttor von Jerusalem und über den Stadtgraben (Bach Cedron) hinauf auf den Kalvarienberg, die Kreuzigungsstätte. Zurückgekehrte Pilger und Kreuzfahrer regten in der Heimat die Anlage von Kreuzwegnachbildungen an, deren Länge sich in etwa an dem historischen Weg in Jerusalem orientierte. Entlang des Weges wurden Bildstöcke mit bildlichen Passionsdarstellungen als „Stationen“ angelegt, wobei deren Anzahl schwankte. Vor allem im Rheinland war dabei die Siebenzahl („Sieben Fußfälle“) stark verbreitet, und zwar in Anlehnung an die sieben römischen Stationskirchen, zu denen der Papst an den sieben Tagen der Karwoche pilgert. Entsprechend dieser römischen Tradition nannte man im Rheinland diese Kreuzweg-Prozessionen „Römerfahrt“. Die teilweise erhaltenen Stommelner „Sieben Fußfälle“, seinerzeit finanziert durch private Stiftungen, zeugen bis heute von diesem Brauch der Volksfrömmigkeit.

An der Straße „Im Schildgen“ sind zwei Stationen an ihrem ursprünglichen Platz erhalten und markieren damit den Anfang eines Prozessionsweges, der sich ursprünglich – seit Ende des 19. Jahrhunderts über eine Eisenbahnbrücke – über den „Voisberg“ (= Fußberg) in Richtung Fliesteden fortsetzte und dann über die Fliestedener Straße wieder dorfwärts führte. Die Anregung für die Errichtung der Fußfälle kam seinerzeit von Heinrich Glessen, Pfarrer in Stommeln von 1706 bis 1741. Im Jahre 1729 notierte er in seiner lateinisch abgefaßten Ortschronik „Chronicon Stommelense“: „Schon seit zwei Jahren hatte ich Ausschau gehalten, wie in dieser Gemeinde sieben Kreuzwegstationen errichtet werden könnten, weil die Verehrung eines Kreuzes auf dem Friedhof durch die Pfarrangehörigen groß war.“

Es gelang ihm bald, Stifter für dieses Vorhaben zu gewinnen, so daß er die ersten drei Stationen beim Steinmetzen Georg Koppmann (Wolkenburg bei Königswinter) in Auftrag geben konnte. Per Schiff wurden sie bis nach Langel gebracht, wo die Stommelner sie mit Fuhrwerken abholten. Am 17. September 1730 begann ein Gehilfe des Steinmetzen Koppmann mit der Aufstellung der sieben Stationen.

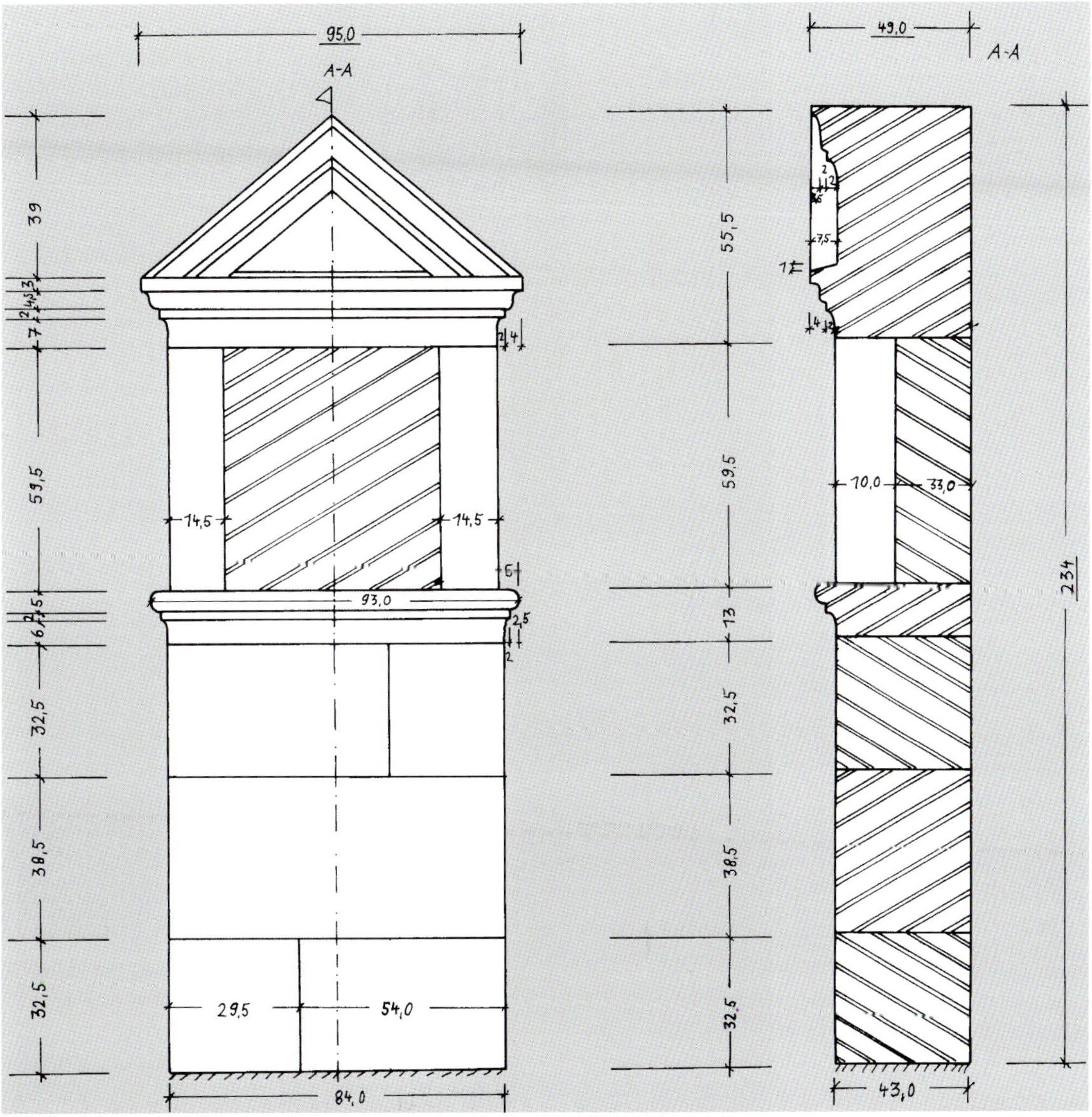

◄ 147 Gehäuse der Fußfall-Stationen in Stommeln, Frontal- und Seitenansicht; Zeichnung von Rolf Dunkel (1991).
▼147a Bei der 7. Station waren Reliefnische und Bedachung (mit bekrönendem Steinkreuz) anders gestaltet; vgl. das untere Foto aus den 1950er Jahren von Josef Schumacher.

1. Station: Ecke Kölner Weg/Im Schildgen
Stifter: Prior N. Mültgen und Konvent der Kreuzbrüder in Köln; auf dem Sockel ein Wappenstein mit drei Kronen und einem Kreuz.

2. Station: auf der Höhe des Weges Im Schildgen
Stifter: Fronhalfe Theodor Engels und Gerichtsbote Reinard Lommertz.

3. Station: ursprünglich „in dem Hölgen" (Hohlweg), „wo der Weg von der Kirche nach Köln führt"; heute jenseits der Bahn.
Stifter: Äbtissin Maria Sophia von Frankenberg und das Kapitel von St. Cäcilien in Köln.

4. Station: ursprünglich „am Fliestedener Weg" (in der Nähe des heutigen Gutes Sonnenberg)
Stifter: die Stommelner Schöffen Hermann Stuppen, Gerhard Esser, Heinrich Canis, Severin Schumacher, Simon Pliester, Winand Nussenberg und Peter Esser, „dessen verwitwete Mutter wegen des Eigensinns (morositas) mancher zu diesem frommen Werk beigetragen hat".

▲ 148 1. Station (Ecke Im Schildchen/Kölner Weg): Jesus am Ölberg
Die Relieftafel ist stark verwittert. Nischeneinfassung und Bedachung sind erneuert. Links oben kniet Jesus betend, rechts oben erscheint ein Engel, um ihn zu stärken. Unten die zurückgebliebenen, schlafenden Jünger Petrus, Jakobus und Johannes.
Auf dem Sockel das Wappen des Stifters, des Kreuzbrüderordens, dem der Große und der Kleine Kreuzhof in Stommeln gehörten.

▲ 149 2. Station (Im Schildchen/Zu den Fußfällen): Gefangennahme Jesu
Der Sockel ist aus Originalteilen, einem neuen Steinblock und materialfremden Feldbrandziegeln kurios zusammengesetzt. Die Relieftafel ist stark verwittert, die Giebelbedachung wurde erneuert. Im Mittelpunkt steht der verräterische Kuß des Judas. Häscher nehmen Jesus gefangen. Unten links liegt Malchus, der Knecht des Hohenpriesters, dem Petrus mit seinem Schwert ein Ohr abgeschlagen hat.

▲ 150 3. Station (heute vor der alten Martinuskirche): Jesus vor dem Hohenpriester
Original sind nur die Relieftafel, deren Sockelplatte und die Hausteine des Giebels. Links sitzt der Hohepriester auf dem Richterstuhl, einer seiner Knechte (r.) führt den an den Händen gefesselten Jesus vor; schräg hinter diesem ein weiterer Diener des Hohenpriesters, der zum Schlag gegen Jesus ausholt (vgl. z. B. Joh 18,22).

5. Station: ursprünglich auf einem zum Domhof in Ingendorf gehörenden Acker (hinter Gut Sonnenberg, nahe der heutigen B 59N)
Stifterin: Sophia Müllers aus Niederaußem, Besitzerin des Domhofes in Ingendorf.

6. Station: an der heutigen Straße nach Fliesteden (K 20)
Stifter: Pfarrer Heinrich Glessen (aus Eigen- und Pfarrmitteln).

► 149a Relieftafel der 2. Station: Der Judaskuß

7. Station: am Fliestedener Weg (vor dem Sportplatz- und Schwimmbadgelände)
Stifter: Mathias Scheben, Kellner von St. Cäcilien. Die Station war durch ein bekrönendes Steinkreuz ausgezeichnet; vgl. Foto S. 103.

Die 1730 aufgestellten Stationen waren noch ohne die steinernen Bildtafeln mit Darstellungen des Leidens Jesu; sie wurden erst im nächsten Jahr (1731) in der ersten Fastenwoche nach Stommeln gebracht und in die Bildstöcke eingesetzt. Am 4. Fastensonntag des Jahres 1731, nach dem Vespergottesdienst um 18.00 Uhr, hielt Pfarrer Glessen die erste Prozession („Römerfahrt") ab. Auf entsprechende Ermahnung des Pfarrers hin wurden die Kreuzwegstationen von da ab an allen Freitagen in der Fastenzeit vom Schulmeister (*ludimagister*) mit seinen Schülern und von den Leuten im Ort eifrig besucht.

Seitdem fand 200 Jahre lang die Stommelner Römerfahrt am Palmsonntag statt, bis sie 1937 auf den Karfreitag verlegt wurde. Sie endete vor dem seit 1869 an der östlichen Außenwand des südlichen Seitenschiffes der Alten Kirchen hängenden Missionskreuz mit den damals aus Oberammergau beschafften Assistenzfiguren Maria und Johannes. Die Gruppe steht heute hinter dem Hauptaltartisch der Alten Kirche.

Bis um 1960 sind die Stommelner den Prozessionsweg der Sieben Fußfälle gegangen; als dann im Zuge der Elektrifizierung der Eisenbahn die Brücke auf dem Voisberg (Fußberg) eingezogen und damit der Weg unterbrochen wurde, fand diese Tradition ihr Ende. Die noch erhaltenen Stationen beachtete man immer weniger. Die 7. Station (vor dem Sportplatz) ging völlig verloren, die 6. an der Fliestedener Straße wurde bei deren Ausbau zur Hälfte zugeschüttet, ohne daß jemand daran Anstoß nahm. Und niemand trug auch Bedenken vor, als im Zusammenhang mit der Flurbereinigung von 1974 der Weg, an dem die Stationen 3, 4 und 5 lagen, um 50 Meter verlegt wurde, so daß sie plötzlich mitten auf den neuvermessenen Äckern standen. Als schließlich die 6. Station durch einen Traktor umgefahren wurde, entschloß sich die Gemeinde Stommeln, die Bildstöcke 3 bis 6 aus der Feldflur entfernen zu lassen. 1971 erhielt die Bonner Restauratorin Christa König den Auftrag, alle sechs erhaltenen Relieftafeln zu restaurieren.

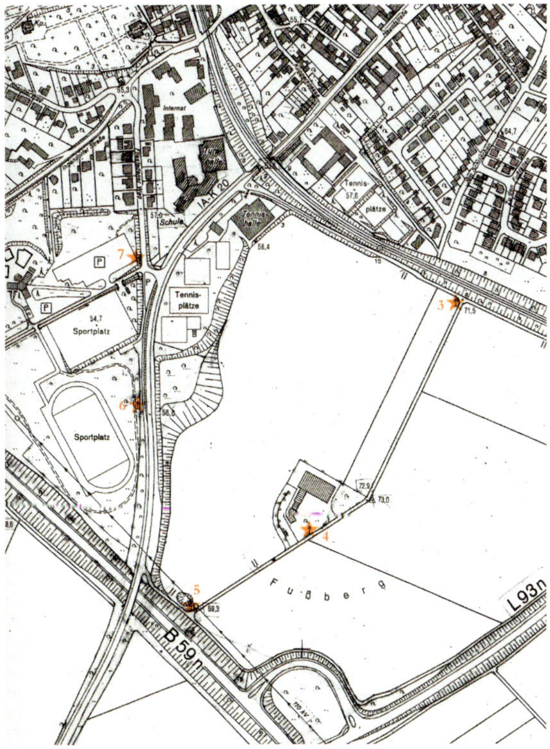

◄ 151 Neuer (unvollständiger) Prozessionsweg hinter der Bahn mit den Standorten der nachgebildeten Stationen 3 bis 7

1977 ließ die Gemeinde – trotz vorgetragener Bedenken des Landeskonservators – an der Südseite der Friedhofskirche vier schlichte Bildstöcke in Feldbrandstein errichten, in die man die restaurierten Relieftafeln 3, 4, 5 und 6 einsetzte. Lediglich die Relieftafeln der 1. und 2. Station kehrten an ihren alten Platz zurück.

Der damalige Stommelner Ortsvorsteher Jakob Dünwald setzte es sich seit etwa 1990 zum

In Feldbrandstein gemauerte Stationen (unter Verwendung vereinzelter Originalteile) vor der alten Martinuskirche auf dem Friedhof mit den originalen Relieftafeln; vgl. auch Abb. 150)

▲ 152 4. Station: Jesus wird gegeißelt. – In der Mitte steht der bis auf einen Lendenschurz entblößte Jesus, die Hände hinterrücks um eine Säule gebunden; zwei Schergen schlagen mit Rutenbündeln auf ihn ein.

▲ 153 5. Station: Jesus wird mit Dornen gekrönt. – Jesus sitzt zwischen zwei Soldaten des Pilatus, die ihm zum Spott einen Purpurmantel um die Schulter und ein Szepter in die Arme gelegt haben; mit einem Stock drücken sie die Dornenkrone auf sein Haupt.

▲ 154 6. Station: „ECCE HOMO" - „Siehe, welch ein Mensch"(nach Joh. 19,5). – Pilatus (r.) zeigt Jesus mit den Zeichen seiner Mißhandlungen (Purpurmantel, Szepter, Dornenkrone) der Menge; links einer der Knechte des Pilatus.

Ziel, die Sieben Fußfälle in ihrer alten Gestalt und möglichst an ihrem alten Ort wiederherzustellen. Er fand dabei großherzige Unterstützung durch zahlreiche Sponsoren, so daß 1994 mit der Restaurierung der 1. Station begonnen werden konnte. An dem an Gut Sonnenberg vorbeiführenden Weg sowie an der Straße nach Fliesteden wurden vier neue Stationen (3 bis 6) in Basaltlava durch den Steinmetz Stefan Nett aus Rieden in der Eifel errichtet. Von den Original-Reliefplatten auf dem Friedhof wurden Abgüsse in einem witterungsbeständigen Material der Firma Bayer-Leverkusen gefertigt; teilweise wurden dabei abgebrochene Gliedmaße u.ä. ergänzt.

Die siebte Station wurde an ihrem angestammten Platz vor dem Sport- und Schwimmbadgelände, allerdings nicht dem Originalgehäuse getreu, errichtet; da das Originalrelief nicht erhalten ist, wurde der Abguß einer Bronze-Pietà von Egino Weinert in das Steingehäuse eingefügt. Am 4. August 1995 wurde der wiedererstandene Kreuzweg von Pfarrer Walter Schmickler eingesegnet.

▲ + ► 155, 156, 157, 158, 159 Nachbildungen der Stationen 3 bis 6 (v.l.n.r) mit Abgüssen der originalen Relieftafeln sowie der Station 7 (unten rechts), deren Originalrelieftafel nicht erhalten ist, mit dem Abguß eines Bronzereliefs von Egino Weinert. Die von den anderen Stationen abweichende Gestaltung der Reliefnische und der Bedachung blieb unberücksichtigt; vgl. Foto S. 103. Die etwas pathetische Inschrift in Bronzelettern auf dem Sockel der 7. Station („Allen Müttern dieser Erde") ist unhistorisch (sie stammt von 1995) und paßt nicht zur Funktion der Kreuzwegstation.

Ehemaliger Kreuzweg auf der Friedhofsmauer

Im 19. Jahrhundert, als überall die Friedhöfe wegen der rasch steigenden Bevölkerungszahl erweitert und mit neuen Mauern eingefaßt wurden, legte man vielfach entlang dieser Friedhofsmauern oder auch auf ihnen neue Kreuzwegstationen an. Damals hatte sich der heute übliche Kanon von 14 Kreuzwegstationen mit folgendem Bildprogramm bereits durchgesetzt:

1. Station:	Jesus wird zum Tode verurteilt.
2. Station:	Jesus nimmt das schwere Kreuz auf sich.
3. Station:	Jesus fällt zum ersten Mal unter dem Kreuz.
4. Station:	Jesus begegnet seiner betrübten Mutter.
5. Station:	Simon von Cyrene hilft Jesus das Kreuz tragen.
6. Station:	Veronika reicht Jesus das Schweißtuch dar.
7. Station:	Jesus fällt zum zweiten Mal unter dem Kreuz.
8. Station:	Jesus und die weinenden Frauen Jerusalems.
9. Station:	Jesus fällt zum dritten Mal unter dem Kreuz.
10. Station:	Jesus wird seiner Kleider beraubt.
11. Station:	Jesus wird ans Kreuz genagelt.
12. Station:	Jesus stirbt am Kreuz.
13. Station:	Jesu Leichnam auf dem Schoß seiner Mutter.
14. Station:	Jesus wird ins Grab gelegt.

Sockelreste auf den alten Stommelner Friedhofsmauern erinnern daran, daß auch hier ein solcher Kreuzweg bestanden hat. Öffentlich kaum bekannt, sind aber auch neun der in Sandstein gehauenen Stationsbilder erhalten. Sie sind in der Trauerhalle vorne an Stirn- und Seitenwänden abgestellt, behindern hier den Bestatter beim Arrangement des Blumen- und Kerzenschmuckes um den aufgestellten Sarg, bekommen bei dem Hin- und Herrücken der Gerätschaften vor und nach jedem Begräbnis auch schon mal einen Stoß, wie man an offenbar frischen Beschädigungen erkennen kann, und bleiben für die sich versammelnden Trauergäste hinter Kränzen verborgen.

Bereits 1970 standen von den ursprünglich vierzehn nur noch neun Stationen auf den Friedhofsmauern. Der Landeskonservator wandte sich damals an die Gemeindeverwaltung Stommeln und erklärte eine Restaurierung für „dringend wichtig“. Vor Wintereinbruch 1970/71 wurden sie abgebaut und zur Restaurierung in eine Fachwerkstatt nach Waldbröl gebracht. Die ursprünglich geplante Wiederaufstellung auf der Friedhofsmauer verzögerte sich jedoch. Im Januar 1974 holten Gemeindearbeiter die Stelen in der Restaurierungswerkstatt ab, und im Dezember des gleichen Jahres brachte man sie in die neuerrichtete Trauerhalle, um sie vor der Winterwitterung zu schützen. Im Frühjahr 1975 wollte man mit der Aufstellung auf der Friedhofsmauer beginnen, aber daraus ist bis heute nichts geworden. Entscheidend dafür war die Einsicht, daß bei einer Wiederaufstellung im Freien der Verwitterungsprozeß sehr rasch fortschreiten und die Bildwerke zunehmend zerstört würden.

Wer sich die Mühe macht, sich mit Hilfe anwesender Friedhofsarbeiter Zutritt in die leere Trauerhalle zu verschaffen, kann die Stelen sehen, und er wird staunen über die vorzügliche neogotische, der Tradition der Kölner Dombauhütte erwachsene Steinmetzarbeit. Aus dem Protokoll-

▲ 160 1. Station: Jesus wird zum Tode verurteilt. Links sitzt Pilatus auf dem Richterstuhl und wäscht seine Hände in Unschuld. Ein Knabe an seiner Seite gießt aus einem Krug Wasser in die Rundschale. Jesus trägt die Dornenkrone und wird mit gefesselten Händen abgeführt.

▲ 161 2. Station (stark verwittert): Jesus nimmt das schwere Kreuz auf sich. Vier Häscher umringen ihn.

▲ 162 3. Station: Jesus fällt zum ersten Mal unter dem Kreuz. Der Häscher links zieht ihn an dem Strick hoch, der zweimal um seine Taille gewunden ist. Der Häscher rechts schlägt mit einem Strick auf ihn ein.

▼ 163 4. Station: Jesus begegnet seiner betrübten Mutter. Er schaut zu ihr zurück. Ein Jünger – Johannes – stützt sie und hält tröstend ihre Hände. Eine der Frauen, die Jesus begleiten, umklammert die Beine Marias.

▼ 164 6. Station: Veronika reicht Jesus das Schweißtuch dar. Jesus, nachdem er sein Gesicht mit dem ihm dargebotenen Tuch getrocknet hat, reicht das Tuch der rechts knieenden Veronika zurück und läßt zum Erstaunen der Häscher sein Bildnis in dem Tuch zurück.

▼ 165 7. Station: Jesus fällt zum zweiten Mal unter dem Kreuz tief zu Boden.

▲ 166 8. Station: Jesus und die weinenden Frauen Jerusalems. Drei Frauen rechts sind beim Anblick der Leiden Jesu auf ihre Knie gefallen; Jesus segnet sie.

▲ 167 9. Station: Jesus fällt zum dritten Mal unter dem Kreuz.

buch des Stommelner Kirchenvorstands ist bekannt, daß sie „bei Herrn (Hubert?) Harperath in Cöln“ in Auftrag gegeben und 1866 auf den Kirchhofsmauern aufgestellt wurden. Als die Gemeinde Stommeln 1870/71 den Friedhof nach Westen hin erheblich erweitern ließ, wurden acht der Stationen vorübergehend demontiert und 1871 auf die neuen westlichen Umfassungsmauern versetzt. Die Stationen 1 bis 4 standen auf der südlichen Friedhofsmauer, gleich links von dem alten Treppenaufgang mit der ersten Station beginnend; auf der westlichen Mauer folgten die Stationen 5 bis 9, auf der nördlichen schließlich die Stationen 10 bis 14. Im Zuge einer Friedhofserweiterung in den 1960er Jahren wurde die westliche Hälfte der nördlichen Umfassungsmauer abgetragen; dabei wurden offensichtlich auch die Stationen 10 bis 13 entfernt, ohne daß man ihnen eine größere Beachtung geschenkt hätte.

Die Kreuzwegstationen sind 1866 von den Geschwistern Anna Maria und Margaretha Esser gestiftet worden. Die beiden unverheirateten Schwestern lebten als wohlhabende „Rentnerinnen“, d. h. als Nutznießerinnen ihres beträchtlichen Vermögens, auf dem „Hövershof“, der sich am Dorfanger auf jenem Grundstück befand, wo heute die neue Pfarrkirche steht. Durch mehrere großherzige Stiftungen haben sie sich einen Ehrenplatz in der Stommelner Ortsgeschichte verdient.

Die heutige Unterbringung der neun erhaltenen Kreuzwegreliefs ist ihrem künstlerischen Rang und ihrer ortsgeschichtlichen Bedeutung nicht angemessen. Eine Wiederaufrichtung auf der Kirchhofsmauer verbietet sich aus konservatorischen Gründen, so sehr es auch wünschenswert wäre. Abgüsse sind wegen der Tiefe des Reliefs nur sehr kostenaufwendig herstellbar. Für eine öffentliche Aufstellung der Kreuzwegstationen müßte man einen hinreichenden Schutz gegen Witterungseinflüsse gewährleisten. Ansonsten müßte man nach einem angemesseneren geschlossenen Raum Ausschau halten. Eine Lösung für dieses Problem ist bis heute nicht in Sicht.

▲ 168 14. Station: Jesus wird ins Grab gelegt. Die Tafel ist stark verwittert. Vergleichsweise gut erhalten ist das schmerzvolle Gesicht der Frau rechts.

Für die Volksfrömmigkeit spielten die 14 Kreuzwegstationen auf dem Friedhof eine große Rolle, etwa in der Karwoche oder beim Gebet für einen verstorbenen Angehörigen. Auch war es Brauch, daß in einem Todesfalle die Kinder der Nachbarschaft (bei einer Frau die Mädchen, bei einem Mann die Jungen) sich an dem zu Hause aufgebahrten Leichnam versammelten, in Begleitung eines Erwachsenen dann zum Friedhof gingen und hier, von Station zu Station schreitend, den Kreuzweg für den Verstorbenen beteten. Anschließend ging man wieder in das Trauerhaus zurück und erhielt als Dank für das Gebet eine Kleinigkeit (einen Apfel oder ein paar Groschen u. ä.). Bis nach dem Zweiten Weltkrieg war diese Sitte in Stommeln lebendig.

Wegekreuze

Stommeln weist eine stattliche Anzahl steinerner Wegekreuze auf. Das älteste ist das Fronhofkreuz unterhalb der Friedhofsmauer aus dem Jahre 1725; es folgen das Trappenkreuz am Ende der Gartenstraße von 1747 und das Steinkreuz an der Schwalbengasse von 1749. Das Steinkreuz am Beginn des Kölner Weges entstand 1777, das Holzkreuz an „Haus Schauff" in der Ortsmitte 1785, das Hagelkreuz in der Hollandsiedlung wohl nach 1850 – damals noch auf einer Anhöhe in freier Feldflur stehend.

Keines der Stommelner Wegekreuze entstand vor dem 18. Jahrhundert, aber sie stehen größtenteils in einer weit zurückreichenden Tradition. Das Fronhofkreuz ersetzte 1725 ein an derselben Stelle stehendes Muttergotteshäuschen (Bildstock), dessen Existenz sich anhand der Flurbezeichnung „An unser vrauwen huyßgen" bis 1453 zurückverfolgen läßt. Auch die 1453 nachweisbare Flurbezeichnung „An dem hagelcrutze" belegt eine jahrhundertealte Tradition. Die Existenz des Trappenkreuzes läßt sich bis 1550 zurückverfolgen.

Kreuze oder auch Heiligenhäuschen errichtete man an allen wichtigen Wegekreuzungen. Das Schwalbenkreuz z. B. stand an einer Kreuzung von Hohlwegen, die die Bauern auf dem Weg zur Windmühle passieren mußten. An der Wegekreuzung am alten Dorfausgang Richtung Sinnersdorf (Nettegasse, Bruchstraße) stand bis zum Ersten Weltkrieg ein Heiligenhäuschen, das 1928/29 durch die heutige Marienkapelle ersetzt wurde. Das Trappenkreuz lag an der Kreuzung der Gartenstraße mit einem uralten Weg nach Pulheim. An der Kreuzung Kammstraße / Kölner Weg stand bis 1730 ein Nikolaushäuschen, daß dann durch die 1. Fußfallstation ersetzt wurde. Das Fronhofkreuz steht am Treffpunkt mehrerer einst hier zusammenkommender Wege (nach Rheidt, Ingendorf, Fliesteden, Geyen). Das Holzkreuz an Haus Schauff stand ursprünglich frei am benachbarten Ortsausgang (Venloer Straße) Richtung Rommerskirchen.

Die Gründe für diese Aufstellungsorte reichen in heidnische Zeiten zurück. Kreuzungsstellen galten von altersher als Aufenthaltsorte von Geistern und Dämonen, auch von Hexen und Toten. Hier errichtete man kultische Male, um den Ort gegen böse Geister zu feien und vor Krankheit, Seuchen und Unwetter zu bewahren, in denen man das Werk böser Geister sah. Gleichzeitig dienten sie dazu, die Grenzen der Ortsgemarkung zu markieren. In den ersten christlichen Jahrhunderten wurden die heidnischen Kultmale durch Kreuzeszeichen ersetzt; heidnischer Aberglaube lebte lange in ihnen in christlichem Gewande fort, so daß die Kirche sich in den ersten Jahrhunderten wiederholt gegen ihre Aufstellung gewandt hat. Die Volksfrömmigkeit setzte sich jedoch durch, zumal die heidnischen Traditionen zunehmend in Vergessenheit gerieten. Kreuze markierten nun die Grenzen des Lebensraumes der christlichen Lebensgemeinschaft, die sich unter den Schutz Gottes stellte. Als seit dem 13. Jahrhundert Fronleichnamsprozessionen üblich wurden, erhielten sie z. T. die neue Funktion eines Stationskreuzes, was ihr Erscheinungsbild veränderte durch die Einfügung einer Expositionsplatte und -nische für die Monstranz. Ähnlich war es bei Kreuzen, die Ziel anderer eucharistischer Prozessionen waren, z. B. den auch andernorts in der Feldflur zu findenden Hagelkreuzen.

Fronhofkreuz (unterhalb des Friedhofs)

Das Fronhofkreuz ist eine Stiftung der Stommelner Grundherrin und Äbtissin von St. Cäcilien in Köln, Maria Sophia von Baur zu Frankenberg, aus dem Jahre 1725. Es wurde aus Stein vom Siebengebirge bei Königswinter *(in montosis prope Konigswinter caesa et laborata)* gefertigt (Trachyt) und von Königswinter zunächst mit dem Schiff nach Köln und dann von dort mit Bauernkarren nach Stommeln transportiert. Es ist das älteste und wohl auch eindrucksvollste der Stommelner Wegekreuze aus dem 18. Jahrhundert. Seinen Namen verdankt es dem ehemaligen Stommelner Fronhof, der sich im Bereich des heutigen Bahnhofs befunden hat.

Am Fuße des Sockels, unterhalb des Wappens, befindet sich die Stiftungsinschrift, die stellenweise schadhaft ist:

MA(RIA) SOPH(IA) COMITISSA DE FRANCKENBERG ABBATISSA COLL(EGIATAE) ECCL(ES)IAE S(ANCTAE) CAECILIAE D(OMI)[NA] IN STOMMEL PALM(ERSDORFF) RON[D](ORFF) [ET] MARSTORFF C(ONSTRUXIT) A(NN)O 17[25]

◄ 169 Kruzifixus des Fronhofkreuzes

◄ 170 Inschrift des Fronhofkreuzes

Zu deutsch:
Maria Sophia Gräfin von Frankenberg, Äbtissin der Stiftskirche St. Cäcilien, Grundherrin in Stommeln, Palmersdorf, Rondorf und Marsdorf, hat (dieses Kreuz) errichtet im Jahre 1725.

Mit Palmersdorf ist ein Gehöft in der Nähe von Schloß Falkenlust in Brühl gemeint.

Über der Inschrift bedeckt das (früher einmal farbig gefaßte) Adelswappen der Äbtissin die ganze untere Sockelhälfte ein. Der gespaltene und geteilte ovale Wappenschild wird eingerahmt von einer aus Roll- und Knorpelwerk gebildeten Kartusche, die von zwei aufgerichteten, rückwärts schauenden gezungten Löwen gehalten wird. Vom Betrachter aus gesehen oben links (= heraldisch rechts) und unten rechts erkennt man einen vierfach gegitterten Querbalken (= Stammwappen der

▶ 171 Fronhofkreuz

Familie von Baur), in den jeweils benachbarten Feldern oben und unten je 15 (goldene) Münzen in der Anordnung 5:4:3:2:1; es ist das Stammwappen der von Frankenberg.

An Stelle der Helmzier ruht auf der Wappenkartusche als Zeichen der adligen Herkunft der Wappenführerin eine Adelskrone. Seitlich darunter liegt links auf der Kartuschenschulter ein Fürstenhut mit Hermelinstulpe und drei Halbbügeln, von denen nur einer sichtbar ist; rechts erkennt man die Krümme des Äbtissinnenstabes.

Die Wappenkartusche und die beiden aufgerichteten Löwen stehen auf drei kleinen, unten miteinander verbundenen Postamenten; das mittlere ziert ein Genienkof.

Auf der weit vorkragenden Expostionsplatte steht die obere Hälfte des Sockels mit einer Expositionsnische. Während der 1. Station der Fronleichnamsprozession stand hier die Monstranz mit dem Allerheiligsten. Die obere Rundung der Expositionsnische ist muschelförmig gestaltet. Im mittelalterlichen „Physiologus" wird von der Perlmuschel berichtet, daß sie bei Sonnenaufgang aus dem Meer emporsteige, ihre Schalen öffne, vom Morgentau befruchtet werde und dann die Perle gebäre. Die geöffnete Muschel wurde dadurch zum christlichen Sinnbild für die jungfräuliche Gottesmutter und schließlich für die Empfängnis göttlicher Gnade überhaupt.

Der eindrucksvolle Kruzifixus stellt eine gute Bildhauerarbeit dar.

Leider wurden dem Kreuz durch eine unsachgemäße „Restaurierung" 1984 Schäden zugefügt, u. a. durch die völlig verfehlte Verwendung von schnellhärtendem Zement, der die darunter liegenden Steinschichten wegen der fehlenden Kapillarität schädigte und auch rasch wieder abzuplatzen begann. Aus diesem Grunde waren 1986/87 erneut Restaurierungsarbeiten durch die Firma Dunkel notwendig. Unter anderem wurde damals ein neues Fundament gegossen und das ganze Kreuz gehoben.

◄ 172 Wegekreuz Kölner Weg

Wegekreuz am Kölner Weg

Das schlanke Steinkreuz ist nicht aus einem Gesamtentwurf entstanden, sondern aus heterogenen Teilen zusammengesetzt. Hinter der Inschrift auf dem Sockel sind Spuren einer älteren, übermeißelten Inschrift zu erkennen. Die deutlich vorkragende Expositionsplatte für das Allerheiligste macht deutlich, daß das Kreuz bei der Fronleichnamsprozession als Station diente. Der Mittelteil mit der Expositionsnische und deren steinerne Bedachung wurden 1984/85 von der Steinmetzfirma Rolf Dunkel in Belgischem Granit neu geschaffen. Das bekrönende gußeiserne Kreuz trägt die Jahreszahl 1846 und ersetzt wohl seit dieser Zeit ein älteres, steinernes Kreuz.

Die Sockelinschrift (mit unterschiedlicher Schreibweise des U) lautet:

ANNO 1777
WILHELM HENCK
VND GERTRUD
FEST EHELEUTH
SETZEN DIS CRUTZ ZU
EHREN CHRISTI UND
MARIEN ZUM HEIL DIESER
PFAHR STOMMEL
AERE PROPRIO

Das Stifterehepaar Wilhelm Henck und Gertrud Fest gehörte zu den wohlhabendsten Familien im Ort; es war, wie die letzte Zeile der Inschrift stolz verkündet, in der Lage, „aere proprio", d. h. aus eigenem Vermögen, das Steinkreuz zu stiften – zu Ehren Christi und Mariens und zum Heil der „Pfahr" (Pfarre, Pfarrgemeinde) Stommeln.

▶ 173 Trappenkreuz

Trappenkreuz (Ecke Gartenstr./Im Brölskamp)

Das Trappenkreuz trägt seinen Namen von der Stifterin, die aus dem Haus zur Trapp an der Hauptstraße stammte. Die lateinische Inschrift in der unteren Hälfte des zweigliedrigen Sockels lautet:

IesV CrVCIfIXo
prIore sVI patrIs
qVerna trabe reMota
De noVo posVIt
honorata vidua
Margaretha
Schumacher
filia
ex gradata domo
vulgo
von der Trappen
(Es folgt noch eine verwitterte Zeile)

Zu deutsch:
„Jesus, dem Gekreuzigten, nachdem der frühere Eichenbalken ihres Vaters entfernt worden ist, aufs neue errichtet (durch) die ehrenwerte Witwe Margaretha Schumacher, Tochter aus dem erhöhten Hause, genannt von der Trappen..."

Das Chronogramm der Inschrift ergibt 1747 als Jahr der Errichtung des Steinkreuzes. Ihr ist weiter zu entnehmen, daß es ein älteres Holzkreuz ersetzte. Möglicherweise steht es in der Tradition eines bereits 1550 „ahn der Alter straßen" erwähnten „cruytzes". (Die „Alte Straße" meint den heutigen asphaltierten Feldweg nach Pulheim.)

Die – vergitterte – Expositionsnische macht deutlich, daß eucharistische Prozessionen (Fronleichnam) hier Station machten.

1977 hat sich die Stommelner Freiwillige Feuerwehr unter ihrem Leiter Jakob Dünwald des Kreuzes angenommen und eine Renovierung durchführen lassen, bei der das Kreuz von häßlichen und schädlichen alten Farbschichten befreit wurde. Die Inschrift wurde farblich (grün) nachgezogen.

Schwalbenkreuz (Schwalbengasse/Mühlenweg)

Das große, eindrucksvolle Schwalbenkreuz liegt abseits der Verkehrsströme in einem stillen Winkel an der Einmündung der Schwalbengasse in den Mühlenweg nahe der Windmühle. 1749 wurde es errichtet. Von den übrigen Steinkreuzen in Stommeln aus dem 18. Jahrhundert unterscheidet es sich u. a. durch die barocke Formgebung des geschwungenen Sockels mit flankierenden Voluten, vor allem aber durch das Fehlen einer voll ausgeprägten Expositionsnische. Es war offensichtlich nie Ziel eucharistischer Prozessionen. Das über dem Sockel hochragende Steinkreuz trägt einen Korpus mit kraftvollen Gliedern und eindrucksvollem, wenn auch proportional etwas kleinem Kopf. Auf der vorderen Schräge des Kreuzfußes findet man das Symbol der Jakobsmuschel, das bei den anderen Steinkreuzen zur Gestaltung der Expositionsnische dient.

Auf der Vorderseite des Sockels befinden sich zwischen den seitlich angebrachten Ziffernpaaren der Jahreszahl 17–49 zwei gekreuzte Palmwedel als Zeichen für den lebensspendenden Sieg des gekreuzigten Christus. Eine Weiheinschrift fehlt, nur die Namen der drei Stifter sind unter den Palmzweigen auf dem Sockel aufgeführt (heute nicht mehr lesbar):

PETER PÜTZKAUL
CATHARINA CLASSEN
WITTIB ESSERS UND
SERVATIUS BROHL

Das Kreuz zeigt insgesamt starke Spuren der Verwitterung. Unsachgemäße Reinigungsversuche und eine inzwischen wieder abblätternde Farbfassung aus der Zeit um 1983 haben dem Erhaltungszustand zusätzlich geschadet. Die um 1980 noch lesbare Inschrift ist heute (2004) kaum noch erkennbar.

◄ 174 Schwalbenkreuz

Holzkreuz an Haus Schauff (Ortsmitte)

Das aus Eichenholz geschnitzte Passionskreuz mit den Leidenswerkzeugen Christi („arma Christi“) aus dem Jahre 1785 hängt an der Außenwand des Hauses Schauff in Ortsmitte. Ursprünglich stand es vermutlich frei auf einem Sockel, und zwar an der Ecke zur Venloer Straße in Richtung Rommerskirchen. Beim Neubau des heutigen Hauses Schauff im Jahre 1882 mit veränderter Fluchtlinie wurde es zwischen zwei Fenstern des neuen Gebäudes aufgehängt. Weil der Querbalken jedoch zu lang war, wurden deren Spitzen gestutzt. Der ursprüngliche Sockel, vermutlich mit Inschrift, ging verloren.

Auf dem Querbalken sind die Hände Christi sowie Hammer, Zange, Essigkrug, ein Hahn zur Erinnerung an die Verleugnung Petri, das Gewand Christi, der Geldbeutel des Verräters Judas, die 30 Silberlinge (als Einkerbungen auf einem rautenförmigen Brett) und schließlich ein Rutenbündel, gekreuzt mit einer Geißel, dargestellt.

Der senkrechte Kreuzbalken zeigt unter der Kreuzesinschrift „INRI“ (Jesus Nazarenus Rex Judaeorum – Jesus von Nazareth, König der Juden) und der Jahreszahl „A(NN)O 1785“ Dornenkrone und Haupt Christi, unter dem Gewand im Schnittpunkt der beiden Balken dann Herz, gekreuzte Füße, drei Nägel, Laterne, eine grobe Hand (?), Leiter, gekreuzt mit Lanze und Rohr, darunter einen kleinen Kelch für das „BLUDT“ Christi (als Wort eingeritzt) sowie einen kleinen Wasserkrug, ganz unten schließlich die Grabeshöhle. Für den Kundigen sind das alles vertraute Elemente aus der Passion Christi; es sind zugleich seine „arma“, d. h. Waffen, mit denen er am Kreuz Tod und Sünde besiegt hat. Die „arma“ sind damit Zeichen des Leidens und des Sieges zugleich.

◄ 175 Holzkreuz an Haus Schauff

Seit Jahrhunderten waren die „arma Christi“ Gegenstand frommer Meditationspraxis der schrittweisen Versenkung in Christi Passion; sie gehen mit der Betrachtung der heiligen fünf Wunden (an den beiden Händen und den beiden Füßen sowie am durchbohrten Herzen) eine enge Verbindung ein. Daß man die Wunden der beiden Hände ca. 2001 mit Messingnägeln geschlossen hat, widerspricht dem meditativen Gesamtkonzept; die drei Kreuzesnägel sind in der Mitte des aufrechten Kreuzesbalkens separat aufgeführt und ein eigenständiger Gegenstand der Betrachtung.

Das Kreuz wurde nach der Brandkatastrophe vom 19. Juli 1783, der der gesamte Ortskern und auch das Vorgängerkreuz zum Opfer fielen, errichtet. Es hat insofern auch die Funktion eines Mahnmals.

Hagelkreuz (heutiger Standort: Auf der Höhe/ Amsterdamer Straße; ursprünglich: 50 m weiter an der Hagelkreuzstraße)

Bis um 1964, d. h. vor Errichtung der „Hollandsiedlung“, stand das Kreuz, flankiert von zwei Bäumen, noch auf freier Feldflur. Wegen der erhöhten Lage auf einer Bodenwelle war es weithin sichtbar. Das 1856 in neugotischen Formen errichtete Kreuz aus gelbem Sandstein stammt aus der Werkstatt des bekannten Kölner Bildhauers Christian Stephan (1797-1864), der u. a. durch Bildhauerarbeiten in Ernst Friedrich Zwirners Apollinariskirche zu Remagen berühmt geworden ist. Am Sockelfuß findet sich die Signatur: „C. Stephan in Cöln“.

▲ 176 Hagelkreuz

Der Sockel ist durch seitliche Ecklisenen und dreipassiges Blendmaßwerk gegliedert. Darüber befindet sich unter spitzem Giebel mit Dreipaßöffnung eine früher blau gefaßte Nische, in der ursprünglich eine Figur (z. B. eine Madonna) gestanden hat. Das (etwas überhöhte) bekrönende Kreuz ohne Korpus ist nicht original; es stammt aus der Werkstatt der Steinmetzfirma Dunkel, Köln, die das Kreuz um 1990 restauriert hat.

Die Sockelinschrift lautet:

HONORI IESV
CRVCIFIXI
EREXIT
PETRVS LEMPER
VIDVVS

Zu deutsch:
„Zu Ehren Jesu, des Gekreuzigten, errichtet von Peter Lemper, Witwer."

Das Chronogramm der Inschrift ergibt die Jahreszahl 1807. Der 1810 als Witwer verstorbene Peter Lemper war der letzte Halfe auf dem Großen Kreuzhof vor der Säkularisation gewesen. Bei der Erneuerung des Kreuzes durch Stephan 1856 wurde offenbar die alte Inschrift beibehalten. Eine Inschrift auf der Sockelrückseite, aus unbekanntem Grunde mit einem Meißel herausgeschlagen, seit der letzten Restaurierung mit Mühe aber wieder entzifferbar, gibt darüber Auskunft:

ERNEUERT
DURCH DIE
FAMILIE
CHRISTIAN
LEMPER
1856

Sehr ähnliche, vermutlich aus der gleichen Werkstatt stammende Steinkreuze befinden sich auf dem Friedhof in Sinnersdorf (1857), an der Straße Am Baggerfeld (gegenüber dem Badesee) in Köln-Pesch (1857) und an der Brictiusstraße (Nr. 22) in Köln-Merkenich.

Die Funktion der Hagelkreuze erklärt sich aus der Angst der Bauern vor Hagelschlag, der die erhoffte Ernte auf dem Halm vernichten konnte. Hagelprozessionen, in denen man um die Abwendung solcher Unwetter betete, führten in früheren Jahrhunderten zu Hagelkreuzen in der Feldflur. Im 19. und 20. Jahrhundert blieben von solchen Flurgängen nur noch die Bittprozessionen an den drei ersten Wochentagen vor Christi Himmelfahrt und am Markustag (25. April) übrig.

Die Flurbezeichnung „an dem hagelcrutze" ist bereits aus dem Jahre 1453 überliefert. Das heutige Hagelkreuz hat offensichtlich eine jahrhundertealte Tradition.

Wegekreuz an der Nagelschmiedstraße

Wo Mühlenweg und Nagelschmiedstraße zusammenstoßen, im Schatten der Windmühle, steht dieses anspruchslose, aber ungewöhnliche Kreuz.

► 177 Kreuz Nagelschmiedstraße

Errichtet wurde es von den Nachbarn Vinzenz Simon (von Beruf Schuster) und Engelbert Brohl (Landwirt) am Mühlenweg. Um 1925 beschlossen sie, ein verwittertes Holzkreuz durch das jetzige Kreuz in privater Eigeninitiative zu ersetzen, und fügten dazu Marmorbruchstücke mit Zementmörtel zusammen. In das Fundament legten sie eine versiegelte Flasche mit der Errichtungsurkunde. Eine Steintafel an der Vorderseite des Sockels trägt die Inschrift: „Gelobt sei Jesus Christus".

Der Amethyststein, der hinter dem Haupt des bronzenen Kruzifxus in das Zementkreuz eingelassen ist, hat ursprünglich einmal als Fuß für einen kleinen metallenen Hirsch gedient; als dieser abgebrochenen war, brachte Tochter Elisabeth Simon (verh. Risch) ihn zu ihrem Vater, der ihm dann den heutigen Ehrenplatz gab. Neben dem Kreuz pflanzte man nach dessen Errichtung eine junge Linde, die heute zu einem Baum herangewachsen ist.

◄ 178 Geyener Kreuz ohne bekrönendes Kreuz (März 2004)

Geyener Kreuz (Feldflur Richtung Geyen)

An einer Wegekreuzung in der Feldflur zwischen Stommeln und Geyen steht im Schatten eines Baumes das Geyener Kreuz aus dem Jahre 1928. Die Gemeinde Stommeln ließ damals ein offenbar hinfällig gewordenes kleines Holzkreuz durch das jetzige Sandsteinkreuz ersetzen. Die bereits um 1720 nachgewiesene Flurbezeichnung „an dem geiener crutzgen" macht deutlich, wie alt die Tradition dieses Wegekreuzes ist.

Der mündlichen Überlieferung nach stand es ursprünglich, d. h. vor dem Bau der Bahn Ende des 19. Jahrhunderts, an einer anderen Stelle, nämlich dort, wo der früher aus dem Ort in die Feldflur führende Weg „Zum Geyener Kreuz" (seit dem Bau der neuen Umgehungsstraße mit der Einmündung in die Straße Zum Ommelstal endend) sich unmittelbar hinter der heutigen Bahnunterführung mit einem anderen, heute die Bahntrasse entlangführenden Weg kreuzte. Nach dem Eisenbahnbau wurde es an seinen jetzigen Platz verlegt.

Die Inschrift lautet:

Rette
deine Seele
Errichtet durch
die Gemeinde
Stommeln 1928

Das Kreuz schließt oben mit einem Kreuzdach ab, dessen vier Giebel mit gotischem Blendmaßwerk versehen sind. Das bekrönende Kreuz ohne Korpus wurde in der Vergangenheit leider wiederholt beschädigt; seit 2003 fehlt es erneut.

Holzkreuz in Ingendorf

Vor dem Haus Nr. 9 steht zwischen zwei mächtigen Bäumen ein schlichtes Holzkreuz mit Korpus. Ein kleines Holzgiebeldach bietet einen gewissen Schutz gegen Nässe.
Über Zeit, Anlaß und Umstände der Errichtung sind keine Informationen bekannt. Eine Spekulation sei deshalb erlaubt: Bis zum Zweiten Weltkrieg hat an der Stelle, wo der Weg zum Iveshof von der Straße abzweigt, ein Heiligenhäuschen gestanden, flankiert von einem Kastanien- und einem Lindenbaum. Mit dem Untergang dieses Heiligenhäuschens war Ingendorf ohne ein öffentliches christliches Zeichen. Die Errichtung des Holzkreuzes vor Haus Nr. 9 mag mit dem Bedürfnis zu tun gehabt haben, diesem Mangel abzuhelfen.

▶ 179 Holzkreuz in Ingendorf

▶ 180 Gewitterkreuz

Gewitterkreuz in Stommelerbusch (am Weg zum Velderhof, 1996 restauriert)

1902 wurde das Kreuz in schönen neugotischen Formen errichtet. Die Seiten des achteckigen Sockels enden oben in spitzbogigen Giebeln, die mit Blendmaßwerk gefüllt sind und auf Eckpilastern ruhen. Auf dem Sockel steht das bekrönende Kreuz. Die Inschrift lautet:

„Errichtet
von der Kapelle-Gemeinde
Stommeler Busch.
O Jesus!
Rett uns vom ewigen Seelentod
Und schütz uns hienieden
vor Hunger u. Not.“

◄ 181 Holzkreuz am Wege nach Gut Vinkenpütz

Holzkreuz am Wege nach Gut Vinkenpütz

Das von zwei jungen Kastanien flankierte Holzkreuz an der Zufahrt nach Vinkenpütz, ca. 500 Meter südwestlich des Gutes an einer Kreuzung nahe der kommunalen Grenze zwischen Pulheim und Rommerskirchen gelegen, gehört nicht zu den alten Stommelner Wegekreuzen, sondern stammt aus der Eifel. An unbekanntem Ort wurde es dort 1748 errichtet. In den 1990er Jahren erwarb Jakob Dünwald es von einem aus der Eifel stammenden Pulheimer Bürger und ließ es 1998 mit finanzieller und tatkräftiger Unterstützung durch mehrere Stommelner Bürger an seinem jetzigen Standort aufstellen. Im Mai 1998 wurde es von Pfarrer Schmickler eingesegnet.

Das Kreuz steht auf einer 76,4 m hohen Bodenwelle („Heimersberg“) südlich des Heimerstales, das nördlich von Gut Vinkenpütz in die Niederterrasse des Rheins einmündet. Zusammen mit den flankierenden beiden jungen Bäumen ist es für den von der Brunostraße in Stommeln kommenden Spaziergänger schon von weitem sichtbar. Der hinführende asphaltierte Feldweg, der am Bolanderhof vorbeiführt, ist der historische „Neußer Weg“, der vor der Entstehung des modernen Straßennetzes Stommeln mit den Gillbachorten Butzheim, Nettesheim, Frixheim und Anstel verband.

Die stark verwitterten eichenen Kreuzesbalken tragen wie das Holzkreuz an Haus Schauff (vgl. S. 118) die *arma Christi*, allerdings weniger zahlreich und in gröberer Schnitzerei. Auf dem Querbalken erkennt man die beiden durchbohrten Hände, auf dem senkrechten Balken oben die Dornenkrone und im unteren Teil das durchbohrte Herz Jesu, die durchbohrten, gekreuzten Füße, die Jahreszahl 1748 und die Grabeshöhle. Darunter befindet sich eine ca. zwölfzeilige, nicht mehr lesbare Inschrift. Die noch erkennbaren Wortfetzen legen die Vermutung nahe, daß es sich um einen Gebetstext gehandelt hat.

Der Gesamteindruck wird dadurch beeinträchtigt, daß man unpassenderweise das Holzkreuz auf ein bronzenes Pietà-Relief von Egino Weinert als Sokkel gestellt hat. Die Vermischung unterschiedlicher Materialien, Stile und Themen irritiert ästhetisch und inhaltlich. Ein Abguß der Pietà befindet sich

▶ 182 Verwitterte Inschrift auf dem Kreuz bei Gut Vinkenpütz

in der nachgebildeten 7. Station der Fußfälle am Fliestedener Weg (vgl. Abb. 159, S. 107).

Die in Schauermanier kolportierten angeblichen Zusammenhänge des Kreuzes mit Spuk und Mord an seinem Aufstellungsort sind als sagenhafte Folklore einzustufen. Man beruft sich dabei auf die von Maria Elisabeth Kirchhoff-Werle 1965 veröffentlichte Sage „Der Geist im Heimchestal" (in: Sagen und Legenden des Kreises Grevenbroich, 1965). Dabei handelt es sich um die Ausschmükkung einer erstmals von Montanus (Pseudonym für Vinzenz von Zuccalmaglio, seit 1856 in Grevenbroich lebend) überlieferte Sage mit dem Titel „Der Spukgeist bei Frixheim" (in: Die Vorzeit der Länder Cleve-Mark, Jülich-Berg und Westphalen, 2 Bde, 1837/38; ²1839/39; vom Bruder Anton Wilhelm von Zuccalmaglio unter dem Pseudonym Wilhelm von Waldbrühl bearbeitete Neuausgabe 1870/71, Bd. 1). Dort ist die Rede von einem Feld bei Frixheim, das den Namen „Hehmenstall" trage und auf dem sich ein schwarzes Kreuz befinde, um das nachts ein unsteter Geist spuke und wegen seiner Mordschuld keine Ruhe finde.

Irrtümlicherweise wird das Kreuz auch mit dem „Galgenberg" in Zusammenhang gebracht, der sich jedoch rund 1500 Meter weiter nördlich im äußersten Dreieckzipfel der alten Feldflur „Vinkenpützer Acker" befindet.

Katholische Geistliche in Stommeln

Pfarrer

um 1141 Gozbert
um 1191 Wolbero
1267 – 1279 Johannes
1279 – ? Heinrich
um 1327 Christian
um 1350 Conrad von Etienne
1454 – ? Johannes Lynepe
1460 – 1471 Henricus Brunonis
1471 – 1472 Matthias Ottenvenger
1480 – 1505 Hermann Dußel
1505 – 1529 Everhard Baum
1529 – 1550 Theodor Lysen (auch: Syle)
Gegenpfarrer:
1529–1549 Wilhelmus Insulanus
1549 Winand von Broich
1550 – ? Dederich von Wipperfürth
1555 – 1597 Paulus Bitter
1597 – 1632 Gabriel Hugo
1632 – 1667 Palmatius Boltz
1667 – 1668 Arnold Mosäus
1668 – 1670 Wilhelm Encken
1670 Friedericus Curtius
1670 – 1706 Johannes Stahl
1706 – 1741 Heinrich Glessen
1741 – 1772 Andreas Schlösser
1772 – 1821 Karl Edmund Tollhausen
1821 – 1832 Johann Georg Klein
1833 – 1880 Johann Gerhard Sieben
1887 – 1893 Viktor Anselm Bausch
1893 – 1922 Christian Klausmann
1922 – 1930 Paul Mertens
1930 – 1958 Josef Becker
1958 – 1973 Johannes Müller
1973 – 1983 Peter Arentz
1983 – 1988 Pater Ivan Krizànovic
1988 – 1994 Ernst Baak
1994 – Walter Schmickler

Vikare des hl. Petrus

um 1494 Johann in der Harven
um 1550 Heynrich van Moercken
um 1560 Petrus Koeler
um 1582 Adam von Bergerhoven
? Wilhelm Geilrath
? Petrus Mosellanus
1663 – 1677 Johannes Berghausen
1677 – 1710 Johann Esser
1710 – 1729 Peter Boltz
1729 – 1776 Johannes Esser
1776 – 1786 Hermann Schumacher
1798 – 1836 Hermann Josef Esser

Vikare Beatae-Mariae-Virginis

um 1560 Peter von Neuß
um 1582 Werner von Geiradt
um 1636 Theodor Gorghem
1661 – 1666 Adolf Esser
1666 – 1697 Johannes Deckers
1698 – 1710 Peter Boltz
1710 – 1723 Johann Esser
1724 – 1729 Johannes Esser
1729 – ? Johannes Weyler
1799 – 1801 Johann Schwan

Vikare bzw. Kapläne

1836 – 1841 Hubert Sieben
1842 – 1854 Wilhelm H. Schröder
1857 – 1862 Kaspar Braun
1862 – 1871 Franz Heinr. Nikolaus Jacobs
1871 – 1873 Johann Eduard Reiffert
1872 – 1887 Andreas Getz
1873 – 1874 Wilhelm Havermann
1887 – 1893 Otto Heinrich Hubert Jansen
1894 – 1896 Joseph Monschau
1897 – 1900 Wilhelm Dünner
1900 – 1901 Laurenz Kohlleppel
1902 – 1906 Johann Schmitz
1909 – 1923 Lorenz Corsten
1923 – 1929 Theodor Baaken
1929 – 1930 Hubert Derigs
1930 – 1945 Franz Salget
1945 – 1947 Heinrich Backes
1954 Pater Alexius Purrio SDS
1954 – 1958 Leonhard Bleikertz
1982 – 1983 Pater Ivan Krizànovic
1994 – 1999 Peter Beyer

Literaturverzeichnis

PBGH = Pulheimer Beiträge zur Geschichte und Heimatkunde

Binterim, Anton Jos. und Mooren, Jos. Hubert: Die alte und neue Erzdiözese Köln in Dekanate eingeteilt und das Erzbistum Köln mit den Stiften, Dekanaten, Pfarreien und Vikarien; samt deren Einkommen und Collatoren, 4 Bde., Mainz 1828ff.; Bd. 1: Liber valoris.

Clemen, Paul: Die Kunstdenkmäler des Landkreises Köln, Düsseldorf 1897, Nachdruck Düsseldorf 1983.

Conrad, Rudolf: Niederrheinische Epigraphik vom achten bis dreizehnten Jahrhundert, Frankfurt a. M. 1931.

Erhards, Susanne: Zur Restaurierung der Kirchenausstattung der Pfarrkirche St. Martinus in Stommeln. In: PBGH 21/1997.

Funken, Rolf: Die Bauinschriften des Erzbistums Köln bis zum Auftreten der gotischen Majuskel, Köln 1981.

Fussbroich, Helmut: Die ehemalige Stommelner Pfarrkirche St. Martin. In: PBGH 1/1977, S. 59f.

Fussbroich, Helmut: Arbeiten des Glasmalers Franz Pauli im nordwestlichen Kölner Umland. In: PBGH 5/1981, S. 48–77.

Glessen, Heinrich: Chronicon Stommelense sive Annotatio Rerum memorabilium quae sub me Henrico Glessen Pastore de anno in annum actae sunt in Stommelen (1706–1741); Handschrift im Pfarrarchiv Stommeln.

Müller, Wolfgang: Urkundeninschriften des deutschen Mittelalters, Kallmünz 1975.

Mörsch, Georg: Der Stommelner Apostelzyklus. In: Beiträge zur rheinischen Kunstgeschichte und Denkmalpflege, Düsseldorf 1970.

Rottländer, Rolf C. A.: Frühe Kirchtürme im Kölner Raum. Pulheimer Beiträge zur Geschichte 28/2004 (z. Zt. im Druck).

Vogt, Franz-Josef: Aus Stommelns Orgelgeschichte. In: PBGH 19/1995, S. 136–148.

Welters, Hans: Stommeln 962–1962, Stommeln 1962.

Wisskirchen, Josef: Die Stommelner Marienglocke und ihr Guß durch den Jülicher Meister Johannes Bourlet. In: PBGH 3/1979, S. 34–53.

Wisskirchen, Josef: Ein altes Passionskreuz in Stommeln und der große Dorfbrand 1783. In: PBGH 6/1982, S. 78–85.

Wisskirchen, Josef: Der Bau der katholischen Pfarrkirche in Stommeln 1903/04 und seine fünfzigjährige Vorgeschichte. In: PBGH 8/1984, S. 98–129.

Wisskirchen, Josef: Wegekreuze in Stommeln – Zeugen der Ortsgeschichte. In: PBGH 9/1985, S. 21–41.

Wisskirchen, Josef: Anmerkungen zum „Fronhofkreuz“ und „Hagelkreuz“ in Stommeln. In: PBGH 12/1988, S. 17-32.

Wisskirchen, Josef: Aus der Gründungsgeschichte des Ortes Stommelerbusch: Bau und Ausstattung der Kapelle von 1867. In: PBGH 14/1990, S. 120–129.

Wisskirchen, Josef (Red.): Pfarrkirche St. Martinus in Stommeln. Festschrift zur Wiedereröffnung nach vierjährigen Restaurierungsarbeiten am 12. April 1992, Pulheim 1992.

Wisskirchen, Josef: Selige Christina von Stommeln (1242–1312). Anmerkungen zu ihrem Leben und zur Christinakapelle in Stommeln. In: PBGH 16/1992, S. 21–35.

Wisskirchen, Josef: Anmerkungen zu dem Gemälde „Anbetung der Hirten“ in der Stommelner Pfarrkirche. In: PBGH 23/1999, S. 250–268.

Wisskirchen, Josef: 200 Jahre Geschichte Stommelns, Bd. 1 und 2, Pulheim 1997 und 2001.

Quellenhinweise

1. Pfarrarchiv Stommeln, Bahnhofstraße 5
In seinen Beständen befinden sich die grundlegenden Unterlagen für die Geschichte der Stommelner Pfarrkirche. Alle wichtigen Bauskizzen und Bauzeichnungen sowie wesentliche Teile der Bauakten und der späteren Arbeiten am Gebäude bis in die Gegenwart sind erhalten. Aus der Pfarrchronik läßt sich ein erster Überblick gewinnen. Wichtig sind auch die Kirchenvorstandsprotokolle.
Auch zur älteren Baugeschichte der Alten Kirche sind einzelne Schriftstücke aus dem 17. Jahrhundert erhalten. Hier ist auch das von Pfarrer Heinrich Glessen von 1706 bis 1741 geführte und handschriftlich erhaltene „Chronicon Stommelense" heranzuziehen (s. Literaturverzeichnis).
Auch die Baugeschichte von St. Bruno in Stommelerbusch ist gut dokumentiert; Bauakten und Bauzeichnungen sind allerdings nicht erhalten.

2. Archiv des Erzbistums Köln, Gereonstraße 2, Köln
In den Generalvikariatsakten (GVA Stommeln) finden sich vor allem im Schriftwechsel mit dem Stommelner Pfarrer zusätzliche Informationen zur alten und neuen Pfarrkirche.

3. Historisches Archiv der Stadt Köln, Severinstraße 222, Köln
In seinen Beständen finden sich die wichtigsten Unterlagen für die ältere Ortsgeschichte, u. a. die Schenkungsurkunde Bischof Brunos I. von 962, in der Stommeln zum ersten Mal genannt und auch eine Kirche aufgeführt ist; wichtig sind auch die Akten von St. Cäcilien, bei dem die Grundherrschaft in Stommeln lag und dessen Äbtissin das Kollationsrecht für die Stommelner Pfarrstelle besaß.
Das Archiv verwahrt auch den zeichnerischen Nachlaß von Theodor Roß, der zwar für Stommeln nur wenige Bauskizzen enthält, insgesamt für die Vielfalt seines künstlerischen Wirkens jedoch aufschlußreich ist.

4. Rheinisches Amt für Denkmalpflege, Abtei Brauweiler, Pulheim-Brauweiler
Hier finden sich einige aufschlußreiche Unterlagen der Denkmalpflege sowie alte und neue Grundrißzeichnungen.
Wertvoll ist die unter Leitung von Dr. Hansmann durch Frau Eger, Frau Dr. Gierschner und Herrn Dr. Püttmann 1988 erarbeitete „Auflistung der Baudenkmäler gemäß § 2 Abs. 2 DSchG NW für die Stadt Pulheim, Erftkreis", die Beschreibungen zu den meisten hier behandelten Denkmälern enthält. Sie befindet sich in den Handakten von Herrn Dr. Hansmann und war mir zugänglich.

Bildnachweis

Angegeben sind die Bildnummern; (R) = Repro.

Hans Peter Dieterling: 5, 8, 9, 13, 16, 17, 20, 23, 24, 25, 26, 27, 28, 29, 30, 31, 32, 48, 49, 50, 51, 52, 53, 54, 55, 56, 57, 58, 59, 60, 61, 62, 63, 64, 65, 66, 67, 68, 69, 70, 71, 72, 73, 76, 77, 78, 79, 80, 81, 82, 83, 84, 87, 88, 89, 90, 91, 92, 93, 94, 95, 96, 97, 98, 99, 100, 101, 102, 103, 104, 105, 106, 107, 108, 109, 110, 111, 112, 113, 114, 115, 122, 123, 124, 125, 126, 127, 128, 129, 130, 132, 133, 134, 137, 138, 160, 161, 162, 163, 164, 165, 166, 167, 168

Klaus Lieven: 6, 10, 11, 18

Josef Wißkirchen: 1, 2, 7, 11a, 12, 19, 21R, 22, 33, 34, 35, 36, 36a, 37, 44(R), 45, 74, 75, 116(R), 117, 117a, 117b, 118(R), 119, 119a, 120, 121, 121a, 131, 139(R), 140, 140a, 141, 142, 143, 144, 145, 146(R), 147(R), 147a(R), 148, 149, 149a, 150, 151(R), 152, 153, 154, 155, 156, 157, 158, 159, 169, 170, 171, 172, 173, 174, 175, 176, 177, 178, 179, 180, 181, 182

Originalfotos und -zeichnungen aus dem Pfarrarchiv St. Martinus, Stommeln: 14, 15, 38, 39, 40, 47, 135, 136

Zeichnungen aus dem Rheinischen Amt für Denkmalpflege, Pulheim-Brauweiler: 4, 41, 42, 46

Hans Welters: 3 (Zeichnung; s. Literaturverzeichnis)